现代会计学与财务管理的创新研究

蔡智慧 绳朋云 施全艳 著

图书在版编目（CIP）数据

现代会计学与财务管理的创新研究 / 蔡智慧，绳朋云，施全艳著. -- 北京：中国商务出版社，2022.8
ISBN 978-7-5103-4389-6

Ⅰ.①现… Ⅱ.①蔡… ②绳… ③施… Ⅲ.①会计学—研究②财务管理—研究 Ⅳ.①F230②F275

中国版本图书馆CIP数据核字(2022)第150739号

现代会计学与财务管理的创新研究
XIANDAI KUAIJIXUE YU CAIWU GUANLI DE CHUANGXIN YANJIU

蔡智慧　绳朋云　施全艳　著

出　　版：	中国商务出版社
地　　址：	北京市东城区安外东后巷28号　　邮　编：　100710
责任部门：	发展事业部（010-64218072）
责任编辑：	陈红雷
直销客服：	010-64515210
总 发 行：	中国商务出版社发行部（010-64208388　64515150）
网购零售：	中国商务出版社淘宝店（010-64286917）
网　　址：	http://www.cctpress.com
网　　店：	https://shop162373850.taobao.com
邮　　箱：	295402859@qq.com
排　　版：	北京宏进时代出版策划有限公司
印　　刷：	廊坊市广阳区九洲印刷厂
开　　本：	787毫米×1092 毫米 1/16
印　　张：	10.5　　　　　　　　　　　　　　字　数：220千字
版　　次：	2023年1月第1版　　　　　　　　印　次：2023年1月第1次印刷
书　　号：	ISBN 978-7-5103-4389-6
定　　价：	63.00元

凡所购本版图书如有印装质量问题，请与本社印制部联系（电话：010-64248236）

版权所有　盗版必究　（盗版侵权举报可发邮件到本社邮箱：cctp@cctpress.com）

前　言

会计学是随着会计各项工作的开展和相关理论研究的深入而出现的学科，对会计的实际工作有着重要的指导作用。在新形势下，我国会计学主要呈现出综合化和具体化的发展趋势。在信息技术运用及其他相关因素的影响下，我国现代会计在会计核算、会计管理、会计学等方面将会获得快速发展。在实际工作中，我们应该注重对信息的学习和使用，在财会相关工作中采取相应的新方法，以确保会计各项工作的顺利进行。可以预见，在不久的将来，随着生产过程的日益复杂、企业管理水平的提高、信息技术的进一步升级和更新，企业生产经营将会对会计工作提出更高的要求，我国的现代会计行为必将向更高层次发展。

财务管理是企业管理的核心，而我国传统的企业财务管理已经远远不能适应经济全球化和世界经济一体化的要求，因此有必要对企业财务管理工作进行适时创新。在社会主义新时代的背景下，企业的财务管理需要改变传统模式，开启全新的管理模式，以适应时代发展要求。

本书主要包括现代会计概述、现代会计的环境分析、现代会计的目标分析、现代会计的基本假设分析、财务管理概述、财务管理的意义、财务管理的基本组成、财务管理的创新理念、财务审计等内容。

由于笔者水平有限、时间仓促，书中不足在所难免，望各位读者、专家不吝赐教。

目录

第一章 现代会计概述 1
- 第一节 现代会计理论的含义 1
- 第二节 会计理论的目的和作用 2
- 第三节 会计理论的层次 5
- 第四节 会计理论的分类 6

第二章 现代会计的环境分析 9
- 第一节 会计环境概述 9
- 第二节 社会生产力发展水平对会计的影响 17
- 第三节 经济基础环境对会计的影响 23
- 第四节 社会制度、政治、法律对会计的影响 30
- 第五节 文化、教育环境对会计的影响 40

第三章 现代会计的目标分析 54
- 第一节 现代会计目标的演进 54
- 第二节 两大学派的会计目标 58
- 第三节 会计目标研究需要关注的主要问题 69

第四章 现代会计的基本假设分析 74
- 第一节 会计主体假设 75
- 第二节 持续经营假设 77
- 第三节 会计分期假设 80
- 第四节 货币计量假设 81

第五章 财务管理概述 84
- 第一节 企业财务管理概念 84
- 第二节 财务管理目标 87

第三节　财务管理的基本原则 …………………………………………………… 90

　　第四节　财务管理的作用 ………………………………………………………… 93

第六章　财务管理的意义 ……………………………………………………………… 95

　　第一节　财务管理的理论结构分析 ……………………………………………… 95

　　第二节　财务管理的价值创造 …………………………………………………… 97

　　第三节　财务管理环境变化对现代财务管理的影响 …………………………… 99

第七章　财务管理的基本组成 ……………………………………………………… 104

　　第一节　精细化财务管理 ……………………………………………………… 104

　　第二节　财务管理中的内控管理 ……………………………………………… 107

　　第三节　PPP 项目的财务管理 ………………………………………………… 111

　　第四节　跨境电商的财务管理 ………………………………………………… 113

　　第五节　资本运作中的财务管理 ……………………………………………… 115

　　第六节　国有投资公司的财务管理 …………………………………………… 117

　　第七节　公共组织财务管理 …………………………………………………… 120

第八章　财务管理的创新理念 ……………………………………………………… 128

　　第一节　绿色财务管理 ………………………………………………………… 128

　　第二节　财务管理信息化 ……………………………………………………… 131

　　第三节　财务管理与人工智能 ………………………………………………… 135

　　第四节　区块链技术与财务审计 ……………………………………………… 137

　　第五节　网络环境下的财务管理 ……………………………………………… 141

　　第六节　企业税收筹划的财务管理 …………………………………………… 144

第九章　财务审计 …………………………………………………………………… 148

　　第一节　财务审计难点 ………………………………………………………… 148

　　第二节　财务审计的必要性及风险 …………………………………………… 150

　　第三节　财务审计的独立性 …………………………………………………… 153

　　第四节　财务审计中的会计核算 ……………………………………………… 157

参考文献 ……………………………………………………………………………… 160

第一章 现代会计概述

第一节 现代会计理论的含义

什么是会计理论？不同的组织、不同的学者对此有不同的解释。

美国会计学会（AAA）在1966年发表的《基本会计理论说明书》中对会计理论的定义为，一套紧密相连的假定性的、概念性的和实用性的原理的整体，构成了对所要探索领域的可供参考的一般框架。美国会计学会（AAA）对会计理论的定义直接引用了《韦氏新国际词典》对理论的定义，没有突出会计理论的特点。

美国会计学家莫斯特（K.S.Most）在1986年的著作《会计理论》（第2版）中指出，理论是对一系列现象的规则或原则的系统描述，它可视为组织思想、解释现象和预测未来行为的框架。会计理论由与会计实务相区别的原则和方法的系统描述组成。莫斯特对会计理论的定义，突出了对会计原则与方法的描述。

美国会计学家亨德里克森（Eiden S.Hendriksen）在1992年的《会计理论》（第5版）中指出，会计理论可以定义为一套逻辑严密的原则，①它使实务工作者、投资人、经理和学生能够更好地了解当前的会计实务；②它提供了评估当前会计实务的概念框架；③它能够指导新的实务和程序的建立。亨德里克森对会计理论的定义，侧重于对会计理论的目的和作用的描述。

当代实证会计理论的代表人瓦茨（Watts）和齐默尔曼（Zimerman）对会计理论的理解是，会计理论的目标是解释和预测会计实务。解释是指为观察到的实务提供理由，预测是指会计理论应能够预测未观察到的会计现象。在瓦茨和齐默尔曼看来，假设和对数据的验证是发展会计理论的基本手段。

美国著名会计学家利特尔顿（Littleton）认为，会计理论通过为在会计中获得清晰的思维提供帮助来证实其自身存在的合理性，会计理论的职责是对信念和惯例加以批判性的分析，阐明经验与推广最佳经验，并引导对会计工作的起源和结果的直接关注，理论的性质就是做出解释，理论的最主要特征通常就是解释。

美国财务会计准则委员会（FASB）对财务会计概念框架（CF）的研究，实际上就是对财务会计基本理论的表述："CF是由互相关联的目标和基本概念所组成的逻辑一致的体系，这些目标和基本概念可用来引导首尾一贯的准则，并对财务报告的性质、作用和局限性做出规定。"

我国著名的会计学家葛家澍在1986年出版的《会计的基本概念》一书中认为，会计学是一门研究会计的科学，它把人们对会计这一实践活动的认识加以系统化和条理化，形成一整套的会计知识体系。他同时认为，会计理论与其他一切理论一样，来自实践，又应再回到实践。来自实践，意味着我们在观察大量的会计现象之后，从中发现某些带有共性的特征，通过理性认识，把它上升到概念层面。概念就属于理论的范畴。

我国著名的会计学家娄尔行在1989年发表的《研究我国会计理论和会计准则，促进会计实践》的论文中将会计理论定义为，会计理论是人们对会计实践的经验总结，是在理性的高度上对会计实践规律的认识，它一经形成就反过来指导和影响会计实践。

我国著名的会计学家阎达五在1985年出版的《会计理论专题》一书中认为，所谓会计理论，指的是人类积累起来的关于会计实践的知识体系。概括地说，这个体系应当完整地、准确地解决如何认识会计工作和如何做好会计工作这样两方面的问题。具体地说，它应当科学地回答以下问题：①会计的本质、职能和作用；②会计与经济效果；③会计与价值运动、价值管理；④会计管理的内容、任务和方法；⑤会计工作的组织；⑥关于会计方法的理论；⑦会计学的研究对象及其科学属性；⑧会计发展的新领域，社会会计的产生与发展；⑨科学技术进步对会计理论与实践产生的影响；⑩关于会计史研究中的若干问题。阎达五对会计理论的定义是基于会计的本质是一种管理活动而做出的。

我国著名的会计学家裘宗舜在《财务会计概念研究》一书中认为，会计理论，指的是人类在长期的会计实践中积累起来的经验总结，是关于会计的系统化、条理化的理性认识，它是会计实践上升到理性高度的抽象，它来自会计实践同时又反过来指导会计实践、服务于会计实践，使具体会计工作能够产生应有的效果。

综合以上对会计理论的不同表述，笔者认为，会计理论是人们在长期的会计实践的基础上产生的关于会计的系统化、条理化的理性认识，是对会计目标、会计假设、会计概念、会计原则、会计对象、会计要素、会计程序和方法以及其对会计实务的指导关系所做的系统说明。

第二节 会计理论的目的和作用

一、会计理论的目的

美国会计学会在1966年发表的《基本会计理论说明书》中认为，会计理论研究的主要目的如下：①确定会计的范围，以便于对会计提出概念，并有可能发展会计理论；

②建立会计准则来判断评价会计信息；③指明会计实务中有可能改进的一些方面；④为会计研究人员寻求扩大会计应用范围，对因社会发展的需要在扩展会计学科的范围时提供一个有用的框架。

国际会计准则理事会（IASB）采纳的《编报财务报表的框架》中认为，其编制本框架的目的如下：①帮助国际会计准则理事会制定新的国际会计准则和审议现有的国际会计准则；②为减少国际会计准则所允许选用的会计处理方法的数量提供基础，借以协助国际会计准则理事会推进与编报财务报表有关的法规、会计准则和程序的协调；③帮助各国会计准则制定机构制定本国的准则；④帮助财务报表编制者应用国际会计准则和处理尚待列作国际会计准则项目的问题；⑤帮助审计师形成关于财务报表是否符合国际会计准则的意见；⑥帮助使用者理解根据国际会计准则编制的财务报表包括的信息；⑦向关心国际会计准则委员会工作的人士提供关于制定国际会计准则的方法的信息。由于国际会计准则理事会发布的《编报财务报表的框架》实际上起到了国际会计准则理事会概念框架的作用，因此，其编制《编报财务报表的框架》的目的，在一定程度上反映了国际会计准则理事会研究会计理论的目的及期待它应发挥的作用。

概括地说，会计理论的目的主要表现为五个方面：

一是指导会计准则的制定。美国财务会计准则委员会（FASB）在财务会计概念结构框架研究计划中明确指出，这些概念将能够指导首尾一贯的会计准则，并且将说明财务会计和财务报表的性质、作用和局限性……并应用会计准则反复引证这些概念。可见，会计理论特别是财务会计概念结构框架的确立，可以帮助会计准则制定机构在制定具体准则时能保持相关概念的内在一致性，减少或避免不同准则之间的冲突，限制会计实务中相同交易的多种处理方法和程序，提高会计信息的可比性和一致性。

二是评价会计准则的有效性。衡量会计准则是否具有高质量、是否有效，尽管可以用实践标准去检验，但根据制度经济学的基本原理，既然会计理论是制定会计准则的理论基础，那么评价会计准则是否有效的标准也应该以会计理论为依据。这样能促使会计准则制定者在制定会计准则时自觉地遵循会计理论，并做到制定的基础和评价依据的一致性。

三是预测和帮助开拓新的准则。会计准则是对会计实践的科学反映和系统总结，对于许多新的和未知的会计实践领域，需要准则制定者尽快制定出相应的准则，而会计理论可以帮助制定者缩短探索新的和未知领域的时间，少走弯路，从而使会计准则尽可能地接近会计实践，甚至超越实践。正如美国财务会计准则委员会（FASB）前任主席唐纳德·柯克所认为，有了概念结构，会计准则的制定就有了方向。否则，它们的制定将是缓慢的。如果缺乏概念结构，势必招致外界集团的批评，比如指责会计准则的发展是毫无目标与宗旨的，或者说只有以概念结构为指导，将来的会计准则才能以更为合理和一致的方式制定。

四是抵制利益集团的压力。会计准则具有经济后果，它不仅对微观主体可能产生经济影响，还对政府的宏观目标或社会目标产生影响。因此，会计准则的制定过程既是不同利益集团博弈的过程，其本身也是一个政治化的程序。研究经济后果学说的代表性人物，美国知名学者泽夫在《"经济后果"学说的兴起》一文中认为,所谓经济后果,是指会计报告将影响企业、政府、工会、投资人和债权人的决策行为,受影响的决策行为反过来又会损害其他相关方的利益。美国另一位学者拉帕波尔(Rappaport)在《会计准则的经济影响》一文中也认为,对于规范公司必须报告什么和如何描述其经济活动的准则制定过程来说,需要以一个更宽的眼界而不是从传统的会计技术角度来重新认识。会计立法者必须具有更宽广的视野,仅仅作为一个会计专家是不够的。他们必须既谙熟会计,又能洞悉会计在经济环境中的作用及会计决策对经济环境的影响。而郝金斯(David M.Hawkins)于1973年11月在纽约所做的演讲中更是明确地指出,联邦政府越来越意识到公司报告的行为性影响及其宏观经济后果。公司报告准则应当能引导个体经济行为与国家宏观经济目标相一致,美国财务会计准则委员会(FASB)的目标必须考虑更多的内容,而不仅仅是会计理论或我们通常所持的经济有用数据的观念。公司报告准则应产生对经济决策有用的信息,前提是会计准则要符合政府宏观经济目标和经济计划,以便于达成这一目的。由于美国财务会计准则委员会(FASB)具有影响经济行为的权力,它就有义务支持政府的经济计划。因此,不同的利益集团出于各自的政治目的,都力图对会计准则的制定过程施加压力,使准则的制定朝着符合自身利益的方向发展。而建立一套能够为各方利益集团普遍认可、接受的财务会计概念结构框架(这是会计理论的核心),用于指导会计准则的制定,则可以在一定程度上缓和或抵消各利益集团的政治压力。

五是直接指导会计实务。通常情况下,会计准则是指导会计实务的直接依据,但由于会计准则的制定总是落后于会计实践,当会计实践的发展使原有的会计准则不再适应或处于会计准则真空状态时,作为会计准则制定基础的会计理论将会起到直接指导会计实务的作用。

二、会计理论的作用

美国会计学家利特尔顿在《会计理论结构》一书中,把会计理论的作用归纳为以下六点:①帮助我们研究已经完成的实务,以便使我们能够理解指导那种处理方法或建立另一种处理方法的理由;②帮助我们在观念和思想之间寻找相互联系的思路、理由和目标;③帮助我们权衡可以选择的观念、目标和方法;④帮助我们注意各种观念的相关性,帮助我们理解某些观念比其他观念更重要,以及有些观念与其他观念密切相关而有些观念则截然不同;⑤帮助我们增强运用观念工作的能力,寻求与一个问题有关的观念,解决观念之间的冲突,展开并增进观念的意义;⑥帮助我们认识可以运用原则的场合,就像我们选择适合某种情况的程序那样容易。

另一位美国会计学家亨利·沃克(H.I.Wolk)则强调会计理论的作用主要在于解释和预测不同事物或现象之间的关系。他认为,会计理论对会计实务的作用主要是通过会计理论对会计政策选择(或会计准则的制定)的影响而实现的。

概括地说，会计理论的作用主要包括以下四个方面：

一是可以用来解释和说明现有的会计实务。会计理论源于实践，但又高于实践，会计理论必须能够解释和说明为什么会计行为是这样的，为什么采用这样的会计处理方法，而不采用其他的会计处理方法，或解释和说明可以使用其他方法的理由。通过对会计实务的解释和说明，促使良好的会计实务的生成；同时，会计理论也只有在解释和说明会计实务中得以验证。所以，美国会计学家艾哈迈德·里亚希·贝克奥伊（Ahmed Belkaoui）认为，某种给定的会计理论应能解释和预测会计现象，但当这些会计现象出现时，它们又反过来验证理论。

二是有助于信息使用者更好地理解现有的会计实务和财务报告信息。会计理论可以增进报告提供者和使用者之间的沟通，帮助使用者了解财务会计报告的一些基本概念和基本原理及相关事项，理解财务报告的目标、作用及其局限，从而使使用者对财务报告信息有一个正确的理解，并据此做出恰当的分析判断和正确的决策。

三是能为评价现有会计实务提供一个概念框架。如前所述，指导和评价会计实务的主要依据是会计准则等一系列会计规范，但这些会计规范是依据会计理论制定出来的，所以，评价会计实务的根本依据还是会计理论。当一项新的会计事项产生，而没有相应的会计规范去约束或原有会计规范不适合时，可以用会计理论对这一特定事项进行评价，并催生新的会计规范。

四是可以用来预测会计实务发展的趋势。预测是对未来事项的反映，而未来事项具有不确定性、模糊性和风险性。会计理论应当能够预测未观察到的会计事项，并对未来事项进行描述和归纳，从而指导新的会计程序和方法的开拓。

第三节　会计理论的层次

根据对会计理论及其作用的不同理解，亨德里克森认为，会计理论可分成三个不同作用标志的层次：结构性理论、解释性理论、行为性理论。

（1）结构性理论。它主要试图说明现存会计实务，并预测在某种情况下会计人员如何通过会计报告来反映既定情况产生的具体会计事项。由于这种会计理论着重描述会计的结构形式，在会计理论体系中起着类似于语言学中语句、语法的作用，所以也可以称其为"句法性理论"或"语法性理论"（Syntactical Theory）。

（2）解释性理论。即借助经济学概念来解释会计实务，使会计报表的编制者对会计概念、会计准则的运用和解释与报表使用者的理解相一致，与会计信息系统意欲反映的对象相一致。这一理论的作用在于坚持会计实务的逻辑性，其在会计理论体系中起着类似于语言学中语义的作用，所以又可称之为"语义性理论"（Senantical Theory）。

（3）行为性理论。该理论在于强调会计信息使用者的需要，以及会计信息应如何影响使用者的决策行为。行为性理论也考虑面向管理决策的内部报告以及会计和审计人员在信息反馈中的作用。这种理论试图说明,如果企业采用一种新的会计政策和会计程序,必须运用行为性理论去计量和评估由此引起的经济的、社会的、心理的等各方面的影响。其在会计理论体系中起着类似于语言学中语用的作用,所以又可称之为"语用性理论"(Pragmatical Theory)。

第四节 会计理论的分类

在现代西方会计理论中,会计理论的分类方法有很多,如按学科领域进行分类、按研究方式进行分类、按推理方式进行分类、按语言关系进行分类等。下面主要对前三种分类方法进行简单介绍。

一、按学科分类

会计理论按学科分类可以分为财务会计理论、管理会计理论和审计理论。

(1)财务会计理论。财务会计理论是关于财务会计学科领域的理论,迄今为止,大多数会计文献和会计理论的研究成果均属于财务会计理论。

(2)管理会计理论。管理会计是现代会计的一个分支,它是从传统的、单一的会计系统中分离出来,成为与财务会计并列的一门新兴的、独立的、综合性的边缘学科,是多种学科相互交叉、渗透的结合体。1988年4月,国际会计师联合会在其发表的一份《国际管理会计实务》的征求意见稿——《论管理会计概念》中明确指出,管理会计可定义为:在一个组织中,管理部门用于计划、评价和控制的(财务和经营)信息的确认、计量、收集、分析、编报、解释和传输的过程,以确保其资源的合理使用并履行相应的经营责任。管理会计经历了20世纪20—30年代的萌芽阶段,20世纪40—50年代的创建阶段,20世纪60—80年代的发展阶段。在最近的发展过程中,管理会计理论引入了其他学科的一些重大研究成果,如委托代理理论、社会学理论、信息经济学理论、全面质量管理理论等,形成了许多新的分支学科,如社会责任会计、资源环境会计、作业成本理论、质量会计理论等,从而大大丰富了管理会计理论。

(3)审计理论。1991年国际审计准则委员会对审计的定义如下:审计是指对某一企业的财务报表或有关的财务信息进行独立的审查并发表意见。审计包括外部审计和内部审计两个方面,外部审计通常是指政府审计和注册会计师审计(或称民间审计、社会审计)。简单地说,审计理论就是对审计本质、审计目标、审计假设、审计环境、审计概念、审计准则、审计程序和方法及审计实务等的指导关系所做的系统说明。

随着两权分离理论、委托代理理论、信息不对称理论、信号理论、保险理论、公司治理理论被引入审计研究领域,审计理论得到了极大的丰富和发展。

二、按研究方法分类

按研究方法分类，会计理论可分为规范会计理论、实证会计理论和行为会计理论等。

（1）规范会计理论。规范会计理论是指采用规范性方法，即强调演绎方法所建立起来的会计理论体系。传统会计理论大多属于规范会计理论。规范性研究方法所强调的是世界应该是如何运行的，而不关心世界是如何运行的。相应地，规范会计理论主张不应受会计实务的影响去发展会计理论，强调会计理论应高于会计实践，并指导会计实践。

（2）实证会计理论。实证会计理论是指采用实证研究方法建立起来的会计理论体系。实证会计理论研究的目的是解释所观察到的会计现象，并寻找这些会计现象发生的原因。实证会计研究常用的方法有问卷调查法、案例分析法、实验研究法（包括实验室实验研究和实地实验研究）、专家访谈法和数理统计研究法。用实证方法研究会计理论问题的一般程序是提出命题、建立假设、收集资料、验证真伪。

实证会计理论研究的奠基人是美国经济学家和会计学家鲍尔（R.J.Ball）和布朗（P.Brown），他们于1968年在《会计研究杂志》上发表的《会计数据的实证评估》是实证会计研究的起源。而比弗（W.Beaver）、瓦茨（Watts）和齐默尔曼（zimmermann）等学者在20世纪70年代开展的一系列开拓性的研究，促使实证会计理论在西方财务会计理论研究中获得普遍的认可和深入的发展。

实证会计理论研究经历了两个主要的发展阶段：第一阶段主要是研究会计和资本市场的行为，主要讨论的是会计信息在资本市场上的作用，但未能对会计实务做出解释和预测，典型的是会计信息含量的研究；实证会计理论研究的第二个阶段着重于试图解释和预测企业的会计实务，即会计政策选择的实证研究——不同的会计政策选择会影响不同利益主体的经济利益，即会产生不同的经济后果。研究的重点集中在两个方面：一是试图解释企业在有选择余地的情况下为什么选择了某一特定的会计程序和方法；二是试图解释企业是为了效益的原因选择了某一会计实务，即会计政策是预先选定的，典型的是盈余管理的研究。

（3）行为会计理论。行为会计是研究特定约束条件下会计行为的指向及其变动规律的学科，它是会计学、行为科学、心理学、社会学、管理学等学科相互渗透、相互融合的产物。行为会计理论认为，会计行为不是无序的，而是有规律并且可以控制的。会计行为是各约束条件的函数，即会计行为取决于各影响因素形成的约束条件。行为会计是一门边缘性的学科，具有会计学的基本特征，行为会计的目标是揭示会计的行为动机和行为目的，以及会计行为对企业及企业利害关系者的影响和影响程度，以便寻找更加科学的会计行为。

三、按推理方式分类

按推理方式分类，会计理论可以划分为演绎推理理论和归纳推理理论。

（1）演绎推理理论。演绎推理理论是依据演绎推理程序建立起来的会计理论体系。这里的演绎推理程序是以会计目标、会计假设或其他概念为前提，推导出会计原则、准则及相应程序和方法的过程。运用演绎法进行推理的一般程序为：提出命题—推导结论—验证—具体问题。可以有两种不同的逻辑推演思路：第一，会计假设—会计基本原则—会计准则—具体会计程序；第二，会计目标—会计信息质量特征—会计要素—会计确认、计量与报告的标准。用演绎推理构建会计理论的优点是可以保持相关概念之间的内在逻辑关系，使理论构建具有逻辑严密性；缺点是如果假设或前提是错误的，则整个理论结构也是错误的。

（2）归纳推理理论。归纳推理理论是依据归纳推理程序建立起来的会计理论体系。这里的归纳推理程序就是从大量具体的会计实务中归纳推理出具有一般性关系或结论的过程。运用归纳法进行推理的一般程序为观察与记录全部的观察结果—分析与分类记录结果—从观察到的关系中推导出一般会计概念或会计原则—验证推导出的结论。用归纳推理构建会计理论的优点是可以不受预定模式或结构的约束，并把理论结构建立在大量具体事实的基础上；缺点是由于个别人的观察对象与范围有限，每个企业或经济组织的情况不同，有关的内在联系或数据关系也可能不同，导致归纳推理的结论难免以偏概全。

第二章 现代会计的环境分析

第一节 会计环境概述

一、会计与会计环境

研究会计理论与实务应该重点研究会计环境问题,这是因为任何事物的产生与发展都离不开环境的影响,会计作为社会文明的产物当然也离不开环境的影响。从会计的本质来看,纵然国内、国外对其各有不同的看法,形成了不同的流派,但是有一点认识大家是共同的,即会计是一种主观见于客观的活动,是人们主观活动与客观经济活动的结合。从会计的客体来看,人类进行的各项社会经济活动是会计要反映的内容(或者说是会计要确认和计量的对象),人类社会经济活动的变化和发展是永恒的,人们对于这些经济活动的认识是不断深入的,必然要对会计活动产生影响;从会计的主体来看,会计人员的观念和行为都是在一定的社会环境中形成的,会计环境的不同在很大程度上会影响或制约会计人员的观念和行为,最终当然也会影响会计活动;从系统论的角度来看,会计系统是企业系统的组成部分,会计系统要与本系统之外的其他系统发生能量交换,同时作为子系统,它还要受社会环境这个大系统的制约。所以,会计环境是研究任何会计问题的出发点。

会计环境与会计的产生、发展密切相关,并决定会计思想、会计理论、会计组织、会计法制以及会计工作发展水平的历史条件及特定情况。一方面,存在于某一历史阶段的会计环境,往往是正确认识、评价这一历史阶段会计发展水平的客观标准;另一方面,某一历史阶段会计发展的状况,始终受相应会计环境的促进与制约。会计环境的发展和变化,使得会计工作相应得到发展和改善;如果会计环境恶化,会计的发展便必然受其影响。会计学家吴水澎不仅认为会计环境决定会计的本质、职能、目标、会计信息质量特征、会计程序和方法,而且具有功能上的制约性和被推动性。他认为,某一个历史阶段的会计发展状况始终受这一历史阶段会计环境的促进和制约。会计环境的不断改善,必然会促使会计在各个方面不断发展和完善。

会计环境对于会计发展的影响方式通常表现为以下两种特点:

第一,反应性。美国的会计学家迈克尔·查特菲尔德(Chatfield Michael)曾指出,会计是反应性的，也就是说，会计主要是应一定时期的商业需要而发展的，并与经济的发展密切相关。会计发展史上历次重大的变革和创新，无一例外地均与当时的商业需要和经济发展密切相关。反应性其实包含两个方面的意思：一方面是适应性，当社会经济发生重大变化或者出现了某种创新时，会计工作必须能够适应它；另一方面是反映性，是指对社会经济发展过程中出现的各式各样的经济活动，会计必须通过某种方式来反映它，将不同表现形式的经济信息转变成会计信息。

第二，渐进性。会计理论和实践是随着会计环境的发展而发展的。这种发展是一个渐进过程，而不是一个突变的过程。只有当外部环境的刺激达到一定程度时，会计模式才会发生质的飞跃，或者部分地发生变化，或者发生完全改变，从一种模式到另一种模式。

不仅会计环境对会计发展起着极大的作用，而且会计发展对会计环境也具有反作用，主要体现在以下两个方面：

第一，会计信息的质量特征对社会经济资源分配起着极大的指导作用。如果会计信息确实保证了真实性、可比性、可靠性等质量要求，从宏观上可以满足经济环境中的金融、税务、财政、统计等部门的要求，从微观上可以满足投资者、债权人和企业内部管理的需要，进而可以保证社会经济资源的合理分配。这样，当然就会使得社会经济环境朝着好的方向发展。

第二，会计监督客观上可以起到维持社会经济秩序、加强内部控制制度、提高企业管理水平的作用。会计监督是会计的基本职能，严格地说，会计监督是源于内部经济管理需要而进行的经济监督职能，通过日常会计监督，可以保护公平的市场竞争，维护社会经济秩序。

会计环境是经济发展赖以生存的环境，会计环境对经济的发展既具有促进性、协调性，同时也可能会产生阻碍。但并不是会计环境中所有方面都与会计相关，有些方面是明显无关，有些只是间接相关，有些方面在一定时期内可能是相关的，而在另一时期可能是不相关的。

举个例子，我们在研究会计准则时就离不开会计环境问题。会计作为主观见之于客观的行为活动，会计人员要对各种经济业务活动做出反应，从某种意义上来讲，总是带有一定的主观随意性。对于同一客观事物，不同企业、不同地区、不同国家的会计人员可能会提供不同的会计信息。在会计产生和发展的很长一段时期，会计的"个性"是非常明显的。但是，随着商品经济的发展，市场经济的规律逐步发挥作用，社会化大生产要求会计信息作为一种通用的"商业语言"的迫切性及可能性逐渐加大，"个性"太强的会计信息就会危及会计信息作为通用商业语言的可能性，因此统一规范会计处理的标准、保证会计信息质量就十分必要了。会计准则就是会计工作具体操作行为的规范，它是从会计工作的实践经验中抽象、概括和总结出来的，同时它又指导、规范着会计的具体行为，所以会计准则是随着经济的发展而发展，随着会计实践的发展而发展，并在发展过程中不断地完善，总是不断地产生一些新的规则、淘汰一些旧的规则，最后形成比较完善的、能够指导会计实践的准则体系。所以，可以说会计准则在某种程度上总是与一个社会的生产力发展水平相适应，所谓相适应，就是看会计准则能否指导会计工作。

二、会计环境的含义

现在研究会计环境方面的文章很多，究竟什么是会计环境众说纷纭。笔者认为，会计环境就其字面意思来讲，指环绕会计四周的环境，如境遇、情况、条件等。所谓会计环境就是会计四周所处的社会情况和条件，当然也可以称为社会环境。除会计的社会环境外，还有自然环境，它对于会计也会产生重大影响，但是在这里我们不讨论这个问题，而是将重点放在讨论社会环境上。

会计的社会环境可以分为三个层次：一是生产力环境，即人们与自然界进行物质和能量交换的能力（人们的生产能力）；二是经济基础环境，即人们在社会生产中形成的各种关系和组织形式，包括所有制形式、经济管理体制、企业组织形式、经营方式等；三是上层建筑环境，即政治、法律、文化、教育等。这三个方面相互作用、共同构成会计的社会环境。会计环境对于会计可以是综合性的几个方面因素的影响，也可以是某一个方面因素的影响。

对于什么是会计环境，学术界的认识是不一致的。但是，总的来看共同的地方很多。例如，一些人认为，所谓会计环境，就是指被研究系统之外的、对被研究系统有影响作用的一切系统的总和。这些人把企业之外对会计系统有影响作用的系统，称为会计的宏观环境；把企业及其内部对会计系统有影响作用的系统，称为会计的微观环境。这样，会计的宏观环境主要包括社会环境（包括文化、政治、法律及人口等）、经济环境、技术环境及自然环境等。

有人认为，会计环境是会计发展于特定阶段的客观条件。不同发展阶段的会计有不同的客观条件，不同阶段的客观条件孕育了不同的会计。尽管不同的阶段有不同的客观条件，但不外乎政治、经济、法律、文化。此外，还包括会计的内在条件、会计理论水平和会计人员素质。

也有人认为，所谓会计环境是指与会计产生、发展密切相关，并决定着会计思想、会计理论、会计组织、会计法制以及会计工作发展水平的客观历史条件及特殊情况。构成会计环境的基本要素可以分为两个基本方面：一是会计环境的正面影响因素；二是会计环境的反面影响因素。

国外的一些会计学者对会计环境也有论述，美国华盛顿州立大学的亨德里克森教授在他的《会计理论》一书中指出，会计环境对会计的目标及根据逻辑导出的各种会计原则和规则有着直接的影响。但也不是社会的所有方面都与会计相关。有些方面明显是无关的，有些只是间接相关，而很多经济、社会、政治方面则直接相关。作者虽未对会计环境的构成要素做出说明，却指出经济、政治方面有很多因素与会计"直接相关"。美国著名的管理学者法玛和理西门把产生差异的环境分为教育文化、社会特点、法律政治特点和经济特点四大类。后来，美国学者杰佛里·S.阿潘和李·H.瑞德堡教授，根据上述两位学者的观点把环境对会计的影响分为五个方面，即文化的相对性、教育因素、文化文明因素、法律和政治因素及经济因素。我国著名学者王德升、白肇鲁、阎金锷在其所著的《国际会计》一书中指出，会计由客观环境决定，是随着客观环境的变化而发生变化的，一方面由于各国的政治、经济、法律、社会和文化传统不同，因而会计是有差异的；另一方面，各国的会计又具有共性。这是由于会计所反映和控制的经济过程，在各国之间是有共性的。他们特别强调了各个国家之间的会计差异以及会计共性都是政治、经济、法律、社会和文化等会计环境因素造成的。

不管这些论述的观点有多少种，我们从中都可以看到各个国家的会计学家都非常重视环境对会计的影响，并且把环境作为研究会计问题的出发点。

分析上述各种观点可知，人们对会计环境因素的认识在逐步深入。一般认为，影响会计的环境因素有社会生产力发展水平、政治、经济、科学技术、法律、社会、文化教育等内容。笔者认为，作为影响会计的社会环境整体，其构成因素是多方面的，会计环境对会计可以是综合性的几个方面因素的影响，也可以是某一方面因素的影响。但各种因素的影响作用有大有小、有主有次，并非平行关系。因此，对于各种环境因素应从其对会计发生的实质作用大小出发，划分一定的层次，构成一个环境因素体系，这才是科学合理并且符合实际的做法。

关于会计内部环境和会计外部环境问题，有些学者提出了会计内部环境的概念。笔者认为会计内部环境的概念是不科学的。所谓会计环境的问题，是将会计系统作为一个整体，将系统之外的各个因素都称之为会计环境。有些人将企业内部管理体制、生产规模、科学技术发展水平、人员素质等因素称为会计内部环境是不妥当的，因为对于会计系统来说，这些因素也应该看作是会计外部环境。

所谓会计环境就是指存在于会计系统外部的，决定着会计的产生与发展的，影响会计思想、会计理论、会计模式、会计实务发展的历史条件和社会政治、法律、经济、文化、教育等客观状况。会计环境是客观存在的，对会计从不同的角度产生着影响。因此，研究会计环境的特点十分重要。

会计环境的表现形式是多种多样的，概括地总结一下，会计环境的基本特征如下：

（1）纵向差异性。纵向差异性是指在不同的时期，同一国家或者地区的会计环境存在差异。由于社会生产力的发展和整个世界经济、政治发展的变化，不同时期的会计环境具有不同的特点，当然这里也有一个量变到质变的过程，在较短的时间内可能不能察觉出环境变化所引起的差异，在比较长的一段时间，差异性就会显现出来。研究会计环境纵向差异性的问题，有利于我们掌握一个国家或者一个社会会计发展的历史以及发展的规律。

（2）横向差异性。横向差异性是指在同一时间，不同的国家或者地区的会计环境存在的差异性，由于世界政治、经济、文化发展的不平衡，各个国家、地区的会计环境可能会有很大的差异，这种差异性一般表现得十分明显，是各个国家或者地区会计模式形成的主要原因。研究会计环境的横向差异性问题，有利于我们比较不同国家或者地区之间会计的异同，掌握会计模式的形成原因。

（3）相关性。相关性是指会计与会计环境之间信息及能量的双向交流，会计系统与会计环境的双向交流非常重要，一般来说会计环境因素都会影响会计，决定着会计的发展水平，但是会计环境的影响可以是直接的，也可以是间接的，这里就会有一个相关性强还是弱的问题，研究其相关性可以区分不同环境因素对会计的影响。

当然，会计同时又影响着会计环境，会计作为人类社会经济生活的利益调节器，会计系统作为企业管理系统的子系统，其发展水平无疑也会影响会计环境的变化或者发展。会计就是在与会计环境的相互影响中发展起来的。

三、会计环境诸因素概述

（1）社会生产力发展水平。在会计环境诸因素中对会计影响最大的首先是社会生产力发展水平。现在人们常常提及的"经济越发展，会计越重要"，实际上就是强调一个国家的社会生产力发展水平是决定其会计产生和发展的根本因素。纵观会计发展史，从原始社会、奴隶社会、封建社会到资本主义社会，并且随着18世纪末19世纪初的产业革命在一些资本主义国家中形成的社会生产力大发展，会计从原始记录发展到簿记、从单式簿记发展到复式簿记，丰富和促进了会计理论和方法技术的进步，最终完成了簿记向会计的转化。在这个过程中，由于固定资产投资规模的扩大，产生了折旧的会计方法；由于企业规模的扩大和经营管理的需要，产生了成本会计等。到20世纪初，资本主义经济发展到高峰，股份有限公司成为企业的普遍组织形式，企业的所有权与经营权相分离，使得会计的服务对象从少数业主转为广泛的企业外部利益集团，以对外提供财务会计报告为目标的现代会计就产生了。20世纪30年代前后，资本主义世界遇到了前所未有的经济危机，危机过后人们认识到会计实务处理随意性带来的极大危害，对于会计信息规范化的要求提到议事日程上来了，西方各主要资本主义国家陆续开始研究和制定会计准则，将实践中遇到的问题加以概括、总结，在理论上进行规范化，使会计理论和会计方法都有了质的进步。第二次世界大战结束以后，世界经济有了飞速的发展，企业经营规模越来越大，生产经营日趋复杂，外部竞争更加激烈。一方面企业要加强内部管理的科学化，信息论、系统论、控制论和现代数学、现代管理科学等科学的发展，使得在20世纪初期产生的管理会计进一步完善；另一方面电子计算机的广泛采用，使得会计信息生成和搜集的速度大大提高，对会计传统理论和方法提出了新的挑战。

第二次世界大战以后，世界上发生了一场新技术革命，其核心之一就是信息技术革命。作为信息技术主角的电子计算机从40年代中期诞生到现在近60多年里，已经历了四代，实验室研究更已进入了第五代、第六代乃至第七代。微电子技术的迅速发展，导致计算机价格大幅度下降，从而使其走出实验室、科研机构，进入企业、学校、家庭，成为人们广泛使用的信息处理工具。计算机技术与系统工程技术、通信技术相结合，产生了功能强大的、处理速度惊人的、各种层次的、遍布世界范围的信息系统。以计算机技术为代表的信息技术正日益渗透到经济和社会生活的各个方面，对人类的进步和发展产生着广泛而深远的影响。

从形式上来看，会计信息的采集、存储、处理、传输在使用计算机之后都发生了很大的变化，加快了运算速度，提高了会计核算的工作效率，会计凭证、账簿、报表的编制登记和报送都与手工记账条件下有明显的不同。人们可以明显地感觉到会计系统内部的连接方式、空间岗位的设置以及内部控制制度都在发生变化。在会计理论研究方面，人们加深了对于会计系统本质的认识。不仅如此，由于计算机的广泛采用、计算速度不断加快，采用实证研究方法对会计进行不同角度的研究成为可能，使得会计理论也发生了深刻的变化。

所以，"经济越发展，会计越重要"的提法，非常生动地说明了社会经济发展与会计之间的关系。一般来说，一个国家或者地区社会生产力发展水平的不同阶段，直接决定着会计理论与方法的发展水平。中国会计发展的情况，非常明显地印证了这个逻辑判断。我国在很长一段时期内，生产力发展水平低下，市场经济很不发达。会计的发展相应地处于一种非常落后的局面，无论从记账方法还是从会计核算来看，会计发展水平都是十分落后的。中华人民共和国成立之后，虽然生产力发展水平有了一定的恢复和提高，但是从整体上来看仍然处于落后的位置。计划经济时期，会计一直是完成财政计划工作的手段，其理论和实务并没有实质性的发展。1979年以后，我国实行社会主义市场经济和"对外开放，对内搞活"的发展战略，经济发展速度令世人瞩目，社会生产力发展水平迅速提高。经过十几年的经济建设，市场经济发育初具规模，原有的会计理论与方法已经开始阻碍经济的发展，这在客观上要求会计进行改革，要求会计理论与方法的发展水平与我国社会的生产力发展水平相适应。1992年，我国实行的《企业会计准则》正是顺应了生产力的发展。应该特别指出，也正是由于经济体制从计划经济向市场经济转变，整个社会的生产力发展水平还不高，才使得我国的会计准则在制定和实施过程中都必然带有一些不完善的地方。

如果从会计活动的特点来看，社会生产力发展水平的提高，一方面会不断丰富会计研究的对象，社会经济活动的复杂性不断对会计理论和会计实务工作提出新的要求，形成理论研究的新动力；另一方面，也为会计提供了反映和控制客观经济活动的手段。

另外，就不同的国家或者不同的社会来说，社会经济结构的特点对会计的影响差异也是非常大的。有些国家的经济结构单一，有些国家的经济结构复杂，对于会计制度和会计实务的影响就很不一样。例如，新加坡由于人力资源匮乏，企业就十分注意对人力资源的利用，非常注意增值表的作用；巴布亚新几内亚主要将种植园作为国家的重要产业，所以特别为种植园制定了会计准则。一些人认为，自然环境对会计的影响也是非常大的，往往会将上述情况作为例证。其实，自然环境并不会直接影响会计，而是通过对社会经济的影响间接发挥作用。因此我们没有将自然环境作为影响会计的直接因素。

（2）经济基础环境对会计的影响。经济基础环境包括经济管理体制、企业组织形式、所有制形式、经营方式等。在这些因素中，经济管理体制和所有制形式是决定性的因素。在指令性计划经济、单一公有制经济成分占主导地位的情况下，会计的理论与方法都从属于国家财政、财务计划的要求，会计作为保证完成计划的工具，除了完成簿记记录的职能，往往还具有计划、统计、财务管理方面的职能。会计信息与统计信息、生产业务信息往往混为一谈。在这种经济环境下，不可能仿效完全市场经济条件下会计只为投资者（业主、股东）提供信息的做法，而是将为国家提供会计信息作为会计的重要任务。在从计划经济向市场经济转变的过程中，尽管经济模式及所有制成分构成有了较大变化，但是国有经济成分毕竟还占主导地位，所以《企业会计准则》明确提出，会计提供的信息应当符合国家宏观经济管理的要求，满足有关方面了解企业财务状况和经营成果的需要，满足企业加强内部经营的需要。将会计目标确定为上述三个方面，很多人颇有微词，殊不知它恰恰体现了我国目前经济基础环境对会计的影响，从计划经济向市场经济体制转化的过程中，公有制经济成分依然在国民经济中占主导地位，企业所有权与经营权相分离还未最终完成，政企分离仍然是一道难题，会计准则的制定必然要受到这种会计环境的影响。

企业的社会组织形式也是影响会计准则的重要因素。在西方发达资本主义国家，公司的主要形式是股份公司，其中上市公司又在国内生产总值中占有相当大的比重。而在我国，公有制经济成分占主导地位，其中，国有大中型企业在整个国民经济中占有举足轻重的位置。从企业的组织形式对会计的影响来看，毕竟国有企业与股份有限公司在会计信息方面的要求是不一样的，合伙企业、中外合资企业与国有企业也有不同的要求，更不用说上市公司对会计信息方面的特殊严格的要求。资本市场的不完善是影响会计准则最重要的因素，从某种意义上来讲，会计准则的制定主要是满足资本市场的需要，资本市场的不发达、不完备削弱了制定会计准则的必要性。这些经济环境的复杂性都给中国会计准则的制定带来了极大的困难。

（3）社会中的政治、法律、文化、教育等上层建筑对会计实务和会计准则有着不可忽视的重要作用。政治法律因素对会计的作用是比较明显的，正如任何国家都要建立一定的法律体系以维护国家的正常秩序一样，会计作为调节和维护人们经济利益的一种活动，也需要有一种会计规范体系来维护国家正常的经济秩序和各方的经济利益。当然，它是在法律的庇护下发挥作用的，即在一定的法律基础之上发挥作用。每一个国家的商法、公司法、税法、证券交易法都对会计准则、会计理论产生着极大的影响，有些国家直接进行会计方面的立法，如我国颁布的《中华人民共和国会计法》《中华人民共和国注册会计师法》。在英国、美国等英美法系的国家中，由国家授权给民间会计职业团体制定和颁布会计准则，而在法国、德国等大陆法系的国家内，政府直接参与对会计准则的制定。很明显，在不同的国家内法律对于会计准则制定的影响力度是不一样的。我国的会计准则由财政部会计司直接组织制定和颁布，因此在会计准则中体现的法律的强制性、权威性色彩十分浓厚。政府的经济政策也是影响会计准则的重要因素，政府的经济政策体现在多方面，除了通过法律形式还可以通过其他形式表现出来。

文化是一个社会、民族长期积存的精神财富，它包括价值观念、思维方式、道德规范、风俗习惯、语言文字等方面的因素。

任何一个国家的会计发展都不可能脱离其文化环境的氛围，任何一个国家的会计在其发展过程中都会以其特有的价值观念和思维方式形成会计思想、会计理论，以其特有的语言文字描述和传播会计信息，按照其道德规范及习惯进行会计处理，总之是汲取社会文化的养分来形成这个社会的会计文化（在这里借用了毛伯林教授的概念）。会计准则作为对会计活动的抽象和概括，理所当然地受社会文化的影响，任何一个国家成功的会计准则都不可能照搬或套用其他国家的会计准则。无论是在会计准则的内容方面，还是在其表述方面，会计准则都会受社会文化的影响并带有当地社会文化的色彩。当然，应该强调，承认社会文化对会计的影响并不意味着拒绝外来文化，会计文化的国际交流对于各国会计准则、会计理论水平的提高是十分有益的。但是必须考虑到中华文化源远流长、博大精深，是世界上任何一种文化都无法比拟的，中国会计准则的制定不可能回避这个现实。

教育是会计环境中最容易被忽视，也是最重要的因素。广义的教育是泛指一切有目的地培养人的素质的社会活动，即有目的地对受教育者的身心施加某种影响，以使之具有教育者所期望的素质的活动。狭义的教育就是指学校的教育。从某种意义上来说，一个国家的教育水平决定着其会计工作水平的高低。如果说会计的历史就是文明的历史，会计总是同文明的进步携手前进的，那么也可以说，会计的历史就是教育的历史，会计的进步总是同教育的进步携手前进的。会计由于其特有的技术性、艺术性，要求从事会计工作的人员必须具备一定的素质，要有相当高的文化知识水平。在大多数国家中，会计人员的受教育程度都是比较高的，要经过较长时间的专业培训，经过复杂的考试和较长时间的经验积累才能进入工作岗位。

会计教育是在一般文化教育水平基础上的专业教育，一方面，它受一般文化教育水平的制约；另一方面，它也具有自身的规律性。研究会计教育的规律性对于提高会计人员的知识水平及会计工作水平具有现实的意义。在我国制定会计准则的过程中，会计人员素质一直是困扰会计准则制定和颁布的重要问题。在我国1200万名会计人员中，中专以上文化水平的占46%，大专以上文化水平的只占12%。也就是说，有一半以上的会计工作人员文化程度不到初中，整体素质较差。要求他们根据会计准则处理会计业务，制定本单位的会计制度，很明显是不现实的。因此，在制定会计准则的过程中，考虑会计人员能否接受、理解、掌握、运用会计准则是一个不能回避的重要问题。

我国的会计教育从整体上来说，落后于时代，不能适应国家经济建设发展的需要，具体来说，在会计教育的培养目标、专业设置、教材编写选用、教学方法、职业道德等方面都有许多值得研究的地方。例如，扩大会计专业学生的知识面、改进知识结构、加强案例教学，如何提高学生的会计实践能力、分析问题及解决问题的能力等都是亟待解决的问题。

从上述会计环境的三个层次对会计准则的影响来看，《企业会计准则》面临着会计理论界众多的质疑和批评。其实这是一种正常情况，应该承认制定中国的会计准则带有一定的难度，会计准则带有某种缺陷是不可避免的，甚至可以说是必然的，这主要是因为中国目前的会计环境处于一个变动剧烈并且频繁的状况，无论是国家的法律、法规，还是经济管理体制、经济政策、公司经营方式等都在不断地变化。原有的以财务制约会计、国家直接管理会计工作的会计管理模式不再适用了，新的管理模式究竟是怎样的？众说纷纭，莫衷一是。但是，会计准则的制定、颁布和实施具有一定难度是大家都承认的。笔者认为关键问题在于以下两个方面：

其一，会计准则的地位是一个世界性的难题，即会计实践应该接受法规的管理还是应该自我约束。在一个以专业为导向的社会中，强调专业的自我约束，会计人员希望重视个人的专业判断，允许根据个人的专业判断进行会计处理，不希望凡事皆由法律规定；而在一个倾向法规管理的社会中，会计人员习惯由法规来规定会计核算及信息的披露。很明显，前者是一个倾向个人主义的社会，社会结构松散，比较重视个人的独立性和照顾个人意向；后者是一个倾向集体主义的社会，比较重视政府法律的规定。可以说，在不同的社会环境中会计准则所处的地位是不一样的，在制定和实施会计准则时必须充分考虑这一点。

其二，我国的会计准则作为会计处理业务的规范，应该是理性化的、成熟的、科学的，它的基础是对经济业务进行会计处理，如果我国的经济业务本身是不稳定的、偶发的，那么会计准则就没有牢固的根基。如果完全照搬外国的会计准则来制定中国的会计准则，那么就会出现一些不应该有的错误。特别是在制定具体会计准则时，这个问题尤为重要。

第二节　社会生产力发展水平对会计的影响

从会计产生和发展的历史来看，生产力发展水平对会计的产生与发展都起着决定作用。无论会计的记账方法从单式簿记到复式簿记的发展，还是成本会计、管理会计的发展，都是与资本主义的产生与发展分不开的。13—15世纪，资本主义在地中海沿岸的商业、金融业、手工业领域悄然兴起，资本主义商业信用关系逐渐形成，生产组织形式日益复杂，强烈要求改变传统会计的形式与内容，传统的单式簿记已不能适应经济发展的需要，经过一个多世纪的发展逐渐产生并完善了复式簿记。复式簿记的发展与传播基本上是循着经济发展的线路进行的。17—18世纪，资产阶级通过革命的方式扫清了社会生产力发展的道路，18世纪末19世纪初的产业革命极大地促进了社会生产力的发展，同时也相应使簿记学的发展完成向会计学的转化。20世纪是人类历史上值得大书特书的一个世纪，从社会生产力的发展水平来看，这个世纪人类创造的物质财富完全可以与过去几千年的财富总和相比。20世纪后半叶，人类社会进入了一个新的发展时期，也就是人们常常提到的知识经济时代。会计理论和实务的发展当然也受社会生产力发展水平的影响，取得了前所未有的成绩。

就以目前人们常说的知识经济为例，可以清楚地看到生产力发展水平对会计的影响。

有些人将人类社会生产力发展水平分成四个阶段：游猎时代、农业时代、工业时代和后工业时代。有些人认为后工业时代的经济形态是一种"新经济时代"，亦可以称之为"知识经济时代"。所谓新经济时代是指现代经济已经从以传统工业为龙头转变为以信息科学技术、新能源科学技术、新材料技术、空间技术、海洋技术、环境技术和管理技术等七大高新技术产业为龙头的经济。与此同时，知识经济现在已经成为一个时髦的词语，知识经济的说法是由经济合作与发展组织（OECD，简称经合组织）首先提出的。1996年，经合组织发表了题为《以知识为基础的经济》的报告。这种提法实际上是相对于以农业为基础的社会经济和以工业为基础的社会经济形态而言的。

不管是谁先提出了知识经济，无非出于两种考虑：

其一，强调知识的重要性，强调知识对经济的发展起着举足轻重的作用，强调当今社会已经由工业经济社会进步到知识经济社会，是依靠知识密集，而不是依靠资本密集或者劳动密集来推动社会经济发展的。

其二，强调知识自身也是一种产业，知识已经或者正在产业化，知识是作为社会经济发展的主要动力或者说是支柱产业，而不仅仅是经济发展的催化剂。

前者主要是说，无论是科学技术的发展对生产经营的巨大推动作用，还是人文科学、管理科学对企业管理水平的影响和促进效应，都显示了知识是现代社会经济发展的根本动力。后者则直接将知识产品化、产业化，把知识产业作为社会经济的主要部分。例如，将软件行业作为知识经济的典型标志，通过知识产品化形成了可以称为知识经济的一个门类，或者是知识经济的一个组成部分。有些人认为，在过去的20世纪，从经济增长速度来看，一般产品价值（工业、农业）的增长是有限的，其增长速度充其量是算术级数，而更多更快增长的是知识经济价值，其增长速度呈几何级数。很明显，知识经济的飞跃发展不仅对20世纪，而且对21世纪社会的发展都会产生不容忽视的影响。

什么是产业？产业就是社会经济活动的行业分工。最近几十年来，特别是最近30年来，随着信息技术和电子计算机技术的广泛采用，以信息和知识为主体形成新的产业十分引人注目。因而美国学者马克鲁（Macluntes）在实际测算了信息技术和计算机技术行业占到美国国内生产总值的30%，从业人员占当年美国非农业劳动就业人数的31%之后，首次提出了"知识产业"的概念。1977年，美国经济学家、信息专家马克·波拉特（Marclorat）在其撰写的《信息经济》一书中，第一次将国民经济活动划分成了四个产业：第一产业是农业，第二产业是工业，第三产业是服务业，第四产业是信息业。他将长途通信、传播媒介、广告业、会计、教育、风险管理（金融和保险）列为"第一信息部门"，并且计算了其价值。他测算美国1976年来自第一信息部门的价值占到国内生产总值的25.1%。据统计，美国整个70年代新增加的工作岗位中90%以上属于信息、知识和服务业，而属于制造业的只占5%，因此完全可以说知识经济的发展已经成为社会发展的主流。在现代国际社会中，一个国家经济发展的速度不再仅仅取决于大量劳动力投入和资本投入，而是要看第四产业发展的情况，要看它作为新的生产力的代表是否能够拉动社会经济的发展。

知识经济作为一种产业，其内容是十分丰富的，不少文章对其都有很好的概括，有一些人认为它至少包括五个部分：

第一部分，教育。教育是知识经济最主要的组成部分，这是因为教育抓住了知识经济的主要矛盾。有些人干脆把知识经济称为"头脑经济"，不是没有道理。在知识经济中，人是最宝贵的经济资源，通过系统的教育来提高人的素质、开发人的潜能、发挥人的智慧，也就是说不是把人的数量，而是将人的教育质量的提高作为知识经济产业发展的根本途径。因此教育理所当然地作为知识经济的重要组成部分，甚至有些人直接称之为教育产业。当然，这里所说的教育不仅包括正规的教育，还包括后续教育、家庭教育、社会教育、职业培训等。教育的形式和范围都已经有了发展。教育不仅仅单独作为一种产业构成了知识经济的主要支柱，而且构成了知识经济的基础。

第二部分，研究与发展。研究与发展是指不断地进行科学技术研究以便保持持续的发展能力及竞争能力，这已经成为一个成熟社会不断前进的根本动力。国际上盛行的比较一个国家竞争力的重要指标之一就是研究费用投入的大小。由于技术进步的速度越来越快，无论是计算机硬件设备，还是计算机软件，产品的生命周期越来越短。生产企业都必须将研究发展放在首位。很多公司都是生产着一种产品，研究开发着另一种新产品，同时规划着一种更新的产品。研究发展已经成为企业的生命线和社会进步的重要动力，研究发展费用已经在生产成本中占有相当大的比重，在一些高技术产业中研究开发费用甚至远远超过了在产品的成本。诺基亚公司之前成功的主要原因就在于不遗余力地重视技术创新工作。在全世界诺基亚旗下的各个公司工作的4400名员工中有30%的人从事与科研开发有关的工作，其科研开发费用在总营业额中占到9%以上，在全世界共有44个科研开发中心。

我国的研究与发展问题严重滞后，由于长期实行计划经济管理体制，企业主要抓生产，研究与发展问题则是由政府主管部门负责，因此很多企业对研究与发展问题关注甚少，经费投入更是少得可怜。在进行经济体制改革的过程中，我们逐步认识到了这个问题的严重性，一些企业在激烈的市场竞争中逐步认识到了研究与发展的重要性，如联想集团公司为了保持微型机的发展势头，仅2001年推出的两款电脑就投入研究发展费用2600万元，拥有专利技术33项。但是，这种投入情况与发达国家普遍重视科研与开发的情况比较起来是远远不够的，无论从深度上还是广度上都需要努力提高。

第三部分，信息媒体。知识经济中的信息媒体是信息传播、沟通的工具，构成了知识经济社会的信息交流渠道。它们包括电话、电报、邮政、电视、广播、报纸、杂志、电影、图书、印刷、出版等。知识经济的一个重要特征就是信息资源流动面宽、流动速度快，可以使更多的人通过资源共享受益，从而促进社会经济的不断创新和发展。所谓公共媒体或者大众媒介都是知识经济社会中不可缺少的部分，它们的发展水平以及发展速度都是影响知识经济发展的重要因素。正是由于信息媒体的迅速发展，衍生金融工具才能够不断推陈出新，正是网络技术的飞速发展才使得像证券交易所这样的机构逐渐成为"象征性场所"。

第四部分，信息技术机件、设备。知识经济需要硬件支持，这包括各式各样的机器设备。

知识经济中的机件、设备是信息搜集、转换、加工、处理、传递、输出的重要工具，主要包括电子计算机、扫描仪、打印机、自动控制系统、人造卫星、微波通信站、光缆、信号装置等等。这些机件和设备为知识经济的发展提供了必不可少的物质条件，它们的发展速度和发展水平决定着知识经济的发展。现代知识经济中的计算机设备发展速度可以用日新月异这个词来形容，新一代硬件设备的更新速度已经从 5~7 年为一个周期过渡到 2~3 年为一个周期，某些新技术设备的发展甚至已经到了不用 1 年就可以上一个台阶的水平。计算机硬件设备的技术水平不断提高，生产规模不断扩大，导致成本不断降低，使得计算机的应用范围不断扩大，在相当程度上加快了知识经济的发展速度。20 世纪 50 年代，全世界大约只有 200 台电子计算机，处理信息的能力大约为每秒 1 万条机器指令。今天，全世界大约有 3 亿台电子计算机，处理能力达到每秒几亿条指令。随着计算能力的提高，电子计算机已经引发了一场新的革命。

第五部分，专业服务。知识经济中的专业服务是指随着社会化大生产而导致的更加细致的专业分工，这些专业化服务是知识密集型的专业化中介服务。它们包括专业咨询、信息系统设计、信息库、档案储存以及法律、会计、审计、工程、建筑、医疗、贸易、金融、管理等方面的专业化服务。专业服务既是知识经济发展的结果又是知识经济发展的动力。专业服务的迅速发展提高了整个社会经济发展的速度，造就了一大批经过系统培训的专业人员，使知识经济的发展更具挑战性。

知识经济不仅是 20 世纪留下的辉煌，它还将成为主导 21 世纪人类社会经济生活的支柱产业。知识经济中的会计将面临机遇与挑战。

（1）知识经济的发展为会计发展提供了前所未有的发展空间。作为知识经济重要组成部分的会计信息产业，将成为无法替代的专业化信息产业。一方面，从会计工作的发展来看，电子计算机的广泛采用和信息网络技术的普及，使得会计信息系统的运行从深度到广度都有了质的改变。从原始数据的搜集来看，更加全面、系统、具体、快捷；从数据的加工处理来看，速度更快、安全性能更高；从会计数据的传输来看，距离可以无限远、传输速度可以非常快；会计信息系统与其他的管理信息系统越来越紧密地结合在一起。会计工作的基点已经不是仅仅满足于提供过去的信息（电子计算机已经轻而易举地在极短的时间内解决了这个问题），而是将信息控制、未来预测作为工作的重点。例如，衍生金融工具的产生必然会导致会计要素的不确定性加强，对于大量采用衍生金融工具的企业的财务状况和财务成果的确定，更多的不是反映过去的会计信息，而是力图控制这种不确定性，预测变化的趋势，甚至根据预测的结果进行最终的决策。因此，会计信息系统的管理职能将作为主要职能加以突出，相比较而言，其提供会计信息的反映职能将逐渐淡化。但是，并不会因此而出现一些人所预言的那样，会计会在知识经济时代逐渐消亡；恰恰相反，在知识经济条件下会计将因其管理职能的凸显而得到长足的发展。

从注册会计师的角度来看，会计市场的拓展和完善将是知识经济发展的助力器。会计信息市场将成为或者已经成为知识经济快速发展的重要媒介。注册会计师在独立、公正的原则下对企业提供的会计信息进行审查核对，有助于属于第四产业的企业快速成长。在发展传统审计业务的同时，会计师事务所已经将主要的精力投入管理咨询、计算机软件开发上，这说明注册会计师作为专业化人士已经受到企业管理阶层的认可或者欢迎。传统会计市场仅限于对会计信息的审查、查验、公正，而新兴的会计市场将在此基础上开拓新的业务领域，不但帮助企业建立电子计算机信息系统，而且参与企业的经营管理决策，不仅对过去的财务会计信息资料进行审计公正，而且能为企业未来的发展提供咨询建议。注册会计师的中介活动，将成为未来市场发展不可或缺的重要媒介。

知识经济时代对会计教育提出了新的要求，同时也给会计教育事业的发展提供了不可多得的机遇，特别是对中国的教育事业。会计教育在中国长期以来得不到重视，不管是全日制普通教育还是社会教育。其原因无怪乎两个：一是长期排斥市场经济，不讲求经济效益，对于会计职业的社会需求低迷不振；二是长期以来社会中"轻商"和轻视会计的思想严重，对于会计的认识仍然停留在小生产经济条件下。最近十几年来，随着市场经济的发展，会计工作的地位逐渐提高，会计教育事业发展的速度也不断地加快步伐。但是，会计教育距离社会需求，无论是在数量上还是在质量上仍然存在一定的距离（虽然社会上有不少人提出会计专业的学生已经供过于求了，但这只是一种假象，是由于就业机制不完善造成的）。当然，重要的缺陷仍然在质量上。无论从知识结构还是从能力培养上来说，知识经济社会对会计教育的要求都是全新的，作为知识经济重要组成部分的会计教育毫无疑问将有长足的发展。

（2）知识经济社会的到来不仅给会计提供了机遇，同时也对会计的发展提出了很多亟待解决的问题。有些问题我们已经遇到了或者意识到了，有些我们还没有意识到。例如，知识经济社会对传统会计理论提出的问题首先是关于"知识"价值的确定，或者说是对于"具有一定知识、技能的人"的价值的确定。相当多的文章中都指出，一些公司特别是高技术公司的账面价值与其市场价值之间存在着较大的差异，这个差异一方面可能是由于没有计量人力资源造成的，另一方面也可能是因为对无形资产的价值确定不够准确。我国对自创无形资产在账面上是不予承认的，国际会计准则委员会对自创无形资产记入会计账簿给予了种种限制，美国财务会计准则委员会也不允许自创无形资产记入表内，但是这样一来，自创无形资产在市场交易前不表现价值，在市场交易时的价值显现就带有很大的随意性。在知识经济条件下，信息的真实性与不确定性之间的矛盾加大了，特别是衍生金融工具的广泛运用，使得对于未来会计事项的确认究竟在什么时点上才符合真实性要求成为问题。凡此种种，不能一一列举，概括起来，应该包括两个方面：

其一，知识经济对会计理论方面提出的挑战。例如，人力资源会计的提出，涉及方方面面的理论问题，不仅有重大的经济理论也有会计理论方面的问题。具有一定知识的人在企业中一直是作为劳动力看待，其价值表现一直是通过工资，进而通过费用或者成本得到补偿，但是在人力资源会计中它要求得到一定的权益，成为人力资本。在理论上从属于劳动力价值的部分变成属于剩余价值的部分，从属于费用成本会计要素变成属于权益要素。

还有如何界定一般劳动力成本和人力资本，如何对其进行确认和计量。又如，价值来源的转换，我们曾经将一块钢锭、一桶石油、一担小麦作为公认的价值来源，现在则可能将一个基因序列、一条电脑代码或者一个标识语句作为价值的来源。这种价值观念的转换使得人们对判断价值的根据发生了重大变化。人们越来越不看重交易的实物形态，而是越来越多地看重没有一点实物含量的技术成分。不仅如此，知识经济的时间、空间概念还产生了对会计理论的冲击，人们力图从更加广泛的意义上将经济信息转换成会计信息，原有会计基本假设或者说基本前提所界定的时间、空间概念框架必须进行很大的调整。从空间方面来看，会计核算已经不再局限于企业内部，人类居住的社会环境及自然环境、国家之间的经济交往和人员交流都成为空间的对象；从时间方面来看，会计信息的及时性、有用性不仅体现在过去的时间内，更加重要的应该是过程中的、未来的。同时，电子计算机的广泛采用，大大地冲击了簿记学的基本理论，对于内部控制、会计人员的分工、总账与明细账、凭证与账簿的关系等方面的理论都需要重新认识。

传统的会计信息系统人为干扰的因素很大，不利于企业的规范化管理。计算机会计信息系统利用信息技术固化了业务流程，流程中每一流程的完成都以上一流程的完成为前提，避免了任意性，有利于统一管理。传统的会计信息系统对数据的共享性不高，重复劳动多。计算机会计信息系统利用计算机的存储和运算功能以及网络的传递功能实现了信息共享，减少了数据冗余，降低了核算成本。这就有利于公司实行集中核算的财务制度，下属的分公司、各个部门的财务数据都要集中到公司财务部进行统一核算，因此有利于实行有效控制。传统的会计信息系统，制作凭证、记账、编制财务报表等一系列工作都由会计人员手工完成，工作效率低、时效性差。而计算机会计信息系统的自动处理功能，大大减少了会计人员的工作量，尤其是对于业务量大、类型复杂的公司。传统会计信息系统主要是针对历史情况进行分析，而计算机会计信息系统更注重实时控制和对未来的预测，且这种控制不仅仅局限于财务部。例如，核算处的经理有权对销售采购的情况进行查询，发现问题需及时与对方沟通。这一做法充分发挥了现代财务的监督职能，可以及时发现问题并加以解决。计算机会计信息系统还能够更好地实现与客户和供应商的沟通。企业的信息化不仅意味着数据的合理存取，还应实现信息的有效沟通，企业内部网正是这样一个学习和交流的平台。在内部网上，企业员工可以查询到关于企业的各种信息，进行自我学习，使自己的工作适应企业的整体战略目标。与此同时，内部邮件系统成为便利工作的重要辅助工具，员工已普遍习惯以邮件的形式进行工作交流，管理部门常常以邮件的形式向企业员工发布消息。这种通畅的信息公路，使企业中的每个人对自己的工作目标以及企业整体的目标有了更清晰的认知，同时通过不断地自我学习，提高工作效率，带来的结果是企业整体竞争力的提高，因为人是企业最重要的财富。

因此，信息化可以完善企业的管理，优化企业资源配置，实现对生产和经营的控制，企业信息化是未来的趋势。

其二，在知识经济社会条件下，会计实务处理工作的出发点将发生重大变化。首先是扩展会计要素的核算范围，将传统会计中资产的概念由单一的财务资源发展为人力资源、知识资源和财务资源的综合，这三种资源共同作用的结果是企业能够盈利。将人力资源和知识资源作为会计要素进行确认和计量，是企业会计的重点工作，当然企业的权益要素也应该相应发生变化。其次是会计信息披露要求多样化，财务信息和非财务信息、静态信息与动态信息、数量信息与质量信息、物质类型的信息与精神类型的信息等，以便适应知识经济投资者的需要。因此，会计信息处理较传统会计而言更加复杂。再次是电子计算机的广泛采用和教育水平的不断提高，使会计人员摆脱了日常的、繁重的会计信息处理工作，计算机管理软件水平的不断提高使会计人员将大部分精力转到分析、预测、控制方面，信息处理技术与信息使用紧密结合。最后是会计工作对于经济活动不确定性的确认和计量。由于知识经济的复杂性，公认价值或者公允价值将在会计确认和计量中扮演重要角色，历史成本原则由于其局限性不能解决知识经济中的创新资产价值的确认和计量问题，因此，相当多的学者断言由公允价值会计模式来替代历史成本会计模式将是21世纪会计的重大变革。

第三节 经济基础环境对会计的影响

经济基础环境对会计的影响是最直接的。不管人们如何总结会计的概念，无论是作为一个经济信息系统，还是作为经济管理的组成部分，它都属于经济领域范畴。经济基础环境，包括所有制形式、经济管理体制、企业组织形式、企业经营方式以及介于法律和经济环境之间的经济政策，都会对会计产生重要影响。

一、所有制形式对会计的影响

生产资料所有制形式对会计的影响是直接的。在市场经济条件下，会计除了通过提供会计信息进行会计预测、会计控制之外，会计工作还是社会经济利益的调节器，通过对会计要素进行确认和计量，使各种相关利益集团的利益得到客观公正的反映。一般来讲，会计应该站在公正的立场上处理好各个方面的利益。但是在社会主义生产资料公有制占到社会经济成分相当比重的条件下，国家利益与企业利益的关系就容易混淆，会计的目的是要兼顾国家利益、集体利益、个人利益，并且以国家利益为重。在生产资料私有制条件下，会计的目的是维护投资者的利益，实施一系列所谓客观、公正、公允的会计原则和会计方法。从某种意义上来说，生产资料所有制的不同决定了会计出发点的不同。例如，关于会计人员委派制的讨论，由国家或者国家有关部门指定的单位委派会计人员到企业去担任会计工作，这种做法的前提就是企业必须属于生产资料公有制经济成分，如果不是这种情况，会计人员委派制就失去了理论基础。

一般来说，如果在一个国家内，企业的产权集中在国家手中，那么通常政府的行政干预对会计就会发生较大的作用。这是因为非常容易发生政企不分的现象，政府会利用国家的权力干预会计工作，会计制度高度统一，会计信息主要服务于政府机关的需要，不需要或者很少需要向社会公众披露信息，会计的自主性就小。如果一个国家，私有经济成分占主导地位，政府对企业的会计工作就不会进行过多的干预，会计的主动性较大，会计信息服务于社会发挥的作用就比较大。在我国会计领域中公有制经济成分的影响很大。例如，我们常常提到的财务与会计的关系问题，除了一些其他方面的因素（如计划经济管理体制）之外，所有制问题是主要原因。20世纪80年代以前，我们一直抱怨中国的会计模式是一种特殊的模式，即财政—财务—会计的会计模式，会计从属于财政和财务，满足财务管理的要求。这种会计模式就是建立在生产资料公有制的基础之上。在市场经济条件下，企业的成本问题一般不需要国家来规定，只要遵照税法的规定就可以。但是在生产资料公有制的情况下，财务制度就可能完全由国家的有关权力部门制定并且要求企业执行，国家的财政计划具体化为有关部门的财务计划，财务指标经过逐步分解，要求会计核算保证财务计划的实施落实。又如，关于会计的监督职能问题，在公有制占国家经济成分主导地位的情况下会计的监督职能就比较重要了。对于会计目标的表述，我国的《企业会计准则》明确规定，企业除了为投资者和潜在的投资者提供会计信息，还必须为国家有关部门提供会计信息，很多人对此表示异议，认为国外的企业会计目标都是为投资者和潜在的投资者提供会计信息，我国要与国际惯例接轨，为什么要这样规定？在这里他们忽视了一个问题，因为公有制经济成分在我国仍然占有主导地位，无论是从社会经济成分的构成，还是从其对社会经济发展的影响来看，公有制经济成分仍然占据着主导地位。在这种情况下，国家有关部门就有可能要求企业提供会计信息资料。

二、经济管理体制对会计的影响

不同的经济管理体制对会计的要求是不一样的，在计划经济管理体制下和在社会主义市场经济管理体制下，各个会计单位的权利和义务当然是不可能一样的，国家干预较多的市场经济与自由市场经济条件下的各个会计单位的权利和义务也是不一样的。在计划经济管理体制下，国家对企业采用直接管理的办法，通过计划指标的逐层分解来控制、指挥各个单位的经济活动，会计信息是保证完成国家计划指标的工具，会计被要求完全按照国家规定的会计程序、会计方法加工处理信息，不允许也不可能违反国家规定另搞一套。

在计划经济管理体制和公有制条件下，会计的管理体制是一种双重管理的模式，各级财政部门和各个主管部门都对会计工作进行管理，其中对中央管辖的大中型企业是以各个主管部门的管理为主，各级财政部门管理为辅。国家财政部门管理的会计工作主要是地方国营企业。这是因为计划经济管理体制是以纵向管理为主、以各个部门的自上而下的垂直管理为主，因此，各个部门在决定会计管理方面有较大的发言权。1992年以前，各个部门在会计程序、会计方法方面都尽力显示其部门的权威性和特殊性，并且成为世界会计实践中的典型实例。正如美国《实证会计理论》中所提到的，任何时期存在的会计体系都具有合理性，其合理性在于适合当时主要当事人的行为规则。换言之，一定时期的会计体系是与当时的经济管理体制相适应的。1992年以前的中国会计体系的特点恰恰是由当时的计划经济管理体制所决定的。

在我国长期以来实行的计划经济管理体制条件下，部门管理是一种特色。从中央到地方各个部门行使着经济管理的重大权限，比较现代化的、大型的、对国计民生有重要作用的企业一般都属于中央企业，从中央到企业的纵向部门管理发挥着重要作用。各级地方政府控制的则是管理除去部门管理之外的中小型企业，一般属于轻工业、食品工业类型。由于中央各个经济管理部门权限很大，并且行业管理作用明显，所以在1993年以前，中国的会计工作基本上是按照各个部门进行分割的，各个经济管理部门各自按照自己的管理意图、观念以及特殊需要，分别制定不同的会计制度。这些会计制度的记账方法、会计科目设置、确认计量的方法与要求、核算要求都各不相同，因此根据不完全统计，1989年以前中国存在的各种行业、部门会计制度的品种超过100种。这些会计制度不仅按照不同的行业、不同的部门进行设置，还按照不同的所有制进行划分设置。例如，虽然都属于商品流通行业，但是在会计制度设置上就分为商业企业会计制度、粮食商业企业会计制度、供销社商业企业会计制度、国营商业企业会计制度、城镇集体商业企业会计制度、商业部的工业企业会计制度、交通运输企业会计制度等十几种会计制度。

三、资本市场对会计的影响

资本市场主要通过股票市场和债券市场来筹集资本，它们对会计信息的影响是直接的、深远的。在中国，股票市场发展的速度远远超过债券市场的发展速度。

中国的资本市场发展实际上是20世纪最后20年的事情。据考证，新中国最早招股的股份公司是成都市工业展销信托股份公司，1979年12月，他们打报告给成都市领导，希望能够用股票集资；1980年，市政府批复可以发行股票，"按自愿入股的原则，采取集资办法，凡本市全民所有制单位均可入股，每股1万元，多人不限，按股金发放股票"，并且请国家批准的东河印钞公司帮助印制了股票，共计200万股。这是新中国成立以来发行的第一只股票（也有人指出第一家发行股票的是抚顺的红砖股票，共计280万股，但是资料不全；广东汕头地区也曾经有一家企业在1985年发行股票，提出保息分红，自由退股）。1983年7月8日，宝安县联合投资公司正式成立，县政府也批准可以发行股票，并且向全国募集股份。1983年7月25日，《深圳特区报》刊登了招股说明书，但是当时的股票还不太规范，股票还是保本付息。1984年7月25日，北京成立了北京天桥股份有限公司，允许北京市、外省市的机关团体、企事业单位、个人投资者入股。股票面值100元，股票也不是很规范，偿还期为5年，保息分红，年利率5.4%，首期发行300万元。1984年11

月18日，上海飞乐音响股份有限公司成立，并向社会发行股票，每股50元，发行1万股，当时工商局登记不知道股份有限公司属于哪一种所有制，通过逐级上报请示当时国务院的一位副总理，遂得批准。这样就出现了新中国的第一批5只股票。自从1991年深圳股市第一批5只股票上市，1993年7月，"青岛啤酒""上海石化"在香港联交所上市，中国企业进军国内外资本市场的步伐越走越快。首先，上市的规模、上市地点迅速扩大。其次，上市公司的性质和范围已经覆盖了中国企业的大部分门类，如电力、航空、铁路、高速公路、造船、石化、电子、制药、服务行业等。通过发行股票、债券等各种有价证券募集了大量资金投入社会生产领域中，我们完全可以说，资本市场已经成为中国企业重要的资金来源渠道。

股票市场对于社会资源的配置功能主要通过两个环节进行：其一，通过一级市场进行资源配置，通过发行股票筹集的资金直接进入企业；其二，通过二级市场的再融资功能进行筹资，上市公司进行配股和增发股票可以再一次进行筹资。在这个过程中，上市公司的资本优化是社会资源配置优化的前提条件，根据资本市场运行的机理，资本应该按照一定规则公布的、可靠的、相关的会计信息流向高质量的上市公司。因此，股票市场的社会资源优化功能与上市公司的质量及会计信息披露的质量是密切相关的。如果上市公司的质量不高，或者是会计信息不能真实地反映公司的实际情况，资本市场的这种社会资源配置功能就会丧失其合理性。不但会造成社会资源的极大浪费，还会破坏社会经济秩序。因此，一个国家发展资本市场必然要求提高会计信息质量，在会计信息的相关性、可靠性方面下功夫，在客观上促使企业的会计人员和注册会计师提高其所公布的会计信息的质量。

正因为如此，资本市场对企业的会计产生了重大影响。首先，会计信息的使用者对上市公司会计资料的要求更加严格，对于制定和审查会计资料的有关会计法规要求更加严格，特别是在国际市场上的融资方面。这是因为投资者或者潜在的投资者能够接收的信息来源主要是公司的财务会计资料，但他们还需要详细地了解公司的资本结构、股权结构、负债状况、所有者权益、经营状况、利率、汇率和其他财务资料。不仅如此，他们还需要对关联方交易、董事会及管理层的权益、公司未来发展等间接财务资料做详细的说明。投资者需要利用上述资料判断是否进行投资。但是，判断需要有统一的标准，这就提出了会计规范性的问题，除了在国内有一套统一的会计法规之外，还需要了解世界各国的会计规范体系，还要求会计信息质量标准与国际标准尽量取得一致。如果没有统一的会计法规，财务会计资料就无法让人们理解和相信。例如，"上海石化"和"广船国际"在香港上市时，中国尚没有《公司法》《企业会计准则》等必要的法律规范方面的资料。人们能够作为依据的只有《股份制试点企业会计制度》，这样当然不能满足境外投资者对会计规范的需求。所以国家进行了会计改革，陆续颁布了《公司法》《境外上市特别规定》《企业会计准则》《企业财务通则》等一系列法律文件，以满足资本市场的需要。其次，资本市场要求会计机制运作尽可能地规范一些，及时披露会计信息。会计运作规范是企业管理质量的重要标准，特别是对于上市公司来说，广大股东要求股份公司的会计运作必须严格遵守各种法规的条文,以便比较真实地判断上市公司的财务状况。及时、准确地披露会计信息是股东对上市公司最基本的要求,会计信息对于瞬息万变的股票市场来说是非常重要的,再重要的会计信息如果不能及时提供,时过境迁,其价值就要大打折扣了。因此我们可以说,资本市场对会计的影响是重大的。从某种意义上来说,资本市场是近代会计发展的主要推动力。不仅美国的会计发展是由资本市场的发展带动起来的,中国的会计发展也是如此,中国具体会计准则大多数是根据资本市场的需求颁布和制定。

一般来说,上市公司的财务信息披露从时间上可以分为两段,第一次是公司上市时,公司需要提供全部财务资料、招股说明书以及各种专业意见书,这些资料需要各类专业人士的帮助,如律师、会计师等。这些会计信息资料的披露带有一定的强制性,因为不按照规定要求进行完全彻底的披露就不可能上市。第二次是公司上市以后,公司还必须持续不断地向资本市场提供财务资料,这些资料包括法律规定的年度报告、中期报告,也包括非法定的一些公告。按照规定披露财务信息是资本市场的根本要求,所谓公司运作规范化、经营透明化都要求会计信息披露平等、及时。归纳起来,上市公司的财务信息传递渠道主要有以下三个方面:

(1)直接与投资者发生关系。上市公司的会计信息直接传递给投资者,但是除了专业投资者和战略投资者之外,大多数投资者实际上并不与上市公司发生关系,这在实践中几乎是不可能的。随着市场经济的规范化,会计信息的不对称性将逐渐减少,有效市场将逐渐形成,会计信息直接与投资者发生联系的现象将逐渐减少。

(2)通过各个证券公司或者机构的专业分析员,包括投资基金、资产管理公司、投资公司的专业人士。大多数投资者是通过这些专业人士去接触财务信息资料的,专业人士的中介作用帮助了财务信息资料的传递。

(3)通过各种传媒。对于财务信息和非财务信息的披露或者传送,可以通过报纸、杂志、电视、互联网等传媒,特别是互联网的发展对财务信息的传递起了前所未有的作用,无论是在信息传递的广度还是速度方面都是空前的。

综上所述,可见上市公司的财务信息披露具有与其他类型的企业不同的特点。这些特点无疑是由于股份有限公司一旦成为上市公司就具有了公众性,财务会计信息的传递就成为投资者了解公司经营情况及其结果的重要手段。

四、企业经营管理方式对会计的影响

企业的经营管理方式对会计的影响往往是直接的。由于企业经营的产品各式各样,企业的规模大小不一,企业的经营方式也各有不同,因此在管理方面也会采用不同的方法。例如,商业企业可以专业批发,也可以批零兼营,但是批发与零售商品的核算方法有很大不同。由于从事批发商业的企业经营的商品一般数量较大,商品的品种比较少,商品管理可以程序化,所以大多数批发商品实行进价金额核算法。这种方法要求以进价记录,既要记录数量，又要记录金额。而从事零售商业的企业，由于商品品种多，每一种商品库存数量很少，售货人员既经营商品又接触现金，管理难度相应增大，所以零售商品一般采用"售价金额核算、实物负责制"的方法。如果采用批零兼营的方式进行经营，不仅商品管理方法需要做一些改变，会计核算方法也需要进行相应的调整，在会计核算管理制度、会计人员配备及核算制度规定等方面都需要做不同的安排。又如，商业企业实行柜台租赁和商品经销，或者引进厂商销售，无论是在资金安排、会计核算方面，还是在财务分析方法方面都有很大不同。对于生产企业来说，是从设计到生产、销售全部由公司本部自己来完成，还是按照设计、生产、销售分别成立专业化公司进行独立核算；是实行内部结算价格，还是完全按照生产价格计算，都会对会计核算、会计分析、会计控制产生不同的影响。

这里应该特别指出，零售商业企业采用的"售价金额核算、实物负责制"是一种典型的将会计核算和实物管理与控制结合起来的方法。这种方法的特点是会计核算加管理，或者说是以会计核算为中心的管理制度。由于零售企业的经营特点，商品的经营与保管往往是结合在一起的，利用售价金额将实物拨付给负责人，实际上将实物管理与报告的责任同销售收入的核算与管理结合在一起，解决了商业企业经营品种多、交易频繁、容易出现差错、现金交易与实物管理纠缠在一起的矛盾。"售价金额核算、实物负责制"首先会对会计核算的负责单位划分产生影响，每一个商品都成为会计核算单位和实物负责单位，利用预期的商品销售价格将经济责任分配给内部的经营单位或者个人，以此控制所经营的商品，因此造成了会计核算和会计控制完全不同于一般的企业。从某种意义上说，在这种核算形式下，会计控制的内容更多一些。

五、企业组织形式对会计的影响

企业是社会经济生活的细胞，这个细胞的结构如何，对会计的影响极大。企业组织形式主要是指企业组织结构的性质类型，如独资企业、合伙企业、股份制企业等。企业组织形式的不同对会计工作的影响是显而易见的，因为在不同的组织形式下，各个方面对经济利益的考虑是不一样的。

（1）独资企业是指以个人资本单独投资开设的，以盈利为目的、独家经营的私人企业。与其他企业相比，独资企业具有以下特征：①企业的全部资本都属于一个所有者，不管是否有分支机构，企业的全部权益都属于该所有者；②企业具有很大的独立性、完全的自主性、高度的灵活性，企业经营成功与否取决于所有者的经营风格和经营才能；③企业的利润为所有者一人所有，亏损也由其承担，即所有者权益属于一个人；④除了债权人可以分享企业的资产，其他人都不可以分享企业的财产，因此所有者可以任意抽出或投入资本；⑤所有者个人开支容易与企业的经营收支混在一起。根据独资企业的这些特征，会计核算在账务处理方面就相应地具有一些特点。例如，资本的投入、抽出处理比较自由，所有者个人与企业之间的往来结算业务应该设置专户核算，特别强调会计主体假设，所有者个人的收入和消费都必须与企业的收入和费用分开核算，所有者个人的收入不能作为工资而应该作为利润分配等。

（2）合伙企业是指两人或者两人以上的以盈利为目的自愿组成的联合体。合伙企业是一个会计主体，但不是法律主体。合伙企业的特征如下：①合伙企业是个人的自愿联合，其存续期一般有限，合伙人投入企业的资产就成为所有合伙人共有的财产，每一个合伙人都可以成为企业的代理人，都可以缔结对合伙企业具有约束力的文件；②每一个合伙人不管投资多少，都负有清偿企业债务的责任；③负有有限责任的合伙人，其偿债责任仅限于资本投资；④各个合伙人分别为各自的收益缴纳所得税，企业不作为纳税主体。根据合伙企业的这些特点，会计核算必然要做出相应的处理。例如，要给每一个合伙人设置资本账户及往来账户，对合伙人的实际投资额、从合伙企业提取的资产总额及其借款情况分别进行核算。

（3）股份有限公司是指注册资本由等额股份构成并通过发行股票筹集资本，股东以其所认购股份对公司承担有限责任，公司以全部资产对公司债务承担责任的企业法人。股份公司具有以下特点：①资本划分为等额股份；②通过发行股票筹集资本；③股东人数不受限制；④股票可以自由转让；⑤财务公开；⑥股份公司的股份按股东权利划分，可以分为普通股和优先股，等等。根据股份有限公司的这些特点，依据会计核算的要求进行处理。例如，围绕股票的发行、股本的核算、股利的分派以及留存收益的形成和使用等，设置一系列的账户进行核算。

除此之外，在会计理论和企业会计政策方面，独资企业、合伙企业、股份制企业也都有很多不同的地方。

六、对外开放对会计的影响

对外开放对会计影响之大是很多人始料不及的。由于长期以来西方世界对中国实行经济封锁，我国实际上处于自给自足、自力更生的社会经济形态。20世纪70年代末，中国的经济发展战略出现了根本性的转折，由闭关自守的小商品生产经济形态向市场经济形态转换，实施了"对外开放、对内搞活"的经济战略。经过几十年的实践证明，对外开放的经济战略是非常正确的。对外开放使中国经济融入国际经济之中，中国经济以年均10%的高速度持续增长。

中国的对外贸易规模由70年代末的世界排名第32位上升到第11位。中国的外汇储备排名世界第2位，中国接受的直接投资相当于全世界对发展中国家总投资的40%。中国的动向对世界初级产品市场、国际金融市场都有十分重要的影响。

中国经济对外开放对国内经济的影响十分明显。第一，中国经济的对外依赖程度上升。按照一般经济规律，一个社会经济规模的扩大将使其对外依赖的程度降低。但是，中国经济规模的扩大反而导致了对外依赖程度的提高，这也说明中国经济已经融入国际经济之中。

在中国对外贸易中，中外合资及外资企业所占比例越来越大。第二，对外开放促进了经济发展。出口对经济增长的贡献率与投资对经济增长的贡献率上升。第三，在工业生产、税收和就业方面，外资企业发挥的作用也十分明显。

对外开放政策使得中国经济飞速发展，中国经济日益融入国际经济的大家庭，为会计的改革与发展提供了新的经济环境。其中一个非常重要的原因是大量外国资本直接进行的投资项目越来越多，为我国企业管理、经营带来了先进的管理模式、丰富的管理经验，特别是对会计工作的影响非常大。一方面，由于经济飞速发展对会计信息的质量和数量都提出了新的要求，随着经济规模的不断扩大，企业要加强市场预测和内部控制，对会计信息的真实性、及时性、相关性等都提出了更高的标准。例如，外资企业要求在中国开设的子公司、代表处，按照国际惯例经常、及时地向总公司报告财务状况，这种报告的编制当然都要按照国际通行惯例来做，以便总公司掌握子公司的经营状况。一些大型集团公司要求实施财务控制，对于下属分公司、子公司的财务状况要求按照预算进行控制。这样不仅要求中国的会计核算规则、方法、口径都必须与国际上大多数国家或地区相一致，而且还要求不断地根据经济发展情况修改会计准则，制定符合社会经济发展规律的会计核算方法。另一方面，社会化大生产要求会计信息的公开要更及时，透明度更高。中国不仅有了上市公司，而且还有一大批公司在海外上市，上市公司的出现使得会计信息从少数人关心的信息变成社会关注的信息，会计行为社会化趋势日益明显。

第四节　社会制度、政治、法律对会计的影响

一、社会权责结构对会计的影响

就人类社会来说，在任何社会经济形态下都可以划分出经济主体和经济客体。所谓经济主体是指在从事经济活动时处于不同方面、不同地位的阶级、阶层、集团和个人，他们是构成经济活动的主要方面；所谓经济客体是指人们在从事经济活动时赖以结成经济关系的各种物质资料。经济主体在不同的社会经济条件下发挥着不同的作用，他们或者以所有者的身份，或者以经营者的身份来发挥作用。经济主体之所以能够发挥作用是因为他们在不同的社会经济形态下具有某种职能。在一定的社会形态下，各种不同的经济主体因为具有不同的职能，就会形成特定的权利、义务、责任关系。这种特定的权利、义务、责任之间的联系方式，我们将其称为社会经济权责结构。在早期的人类社会经济权责结构中，每一个经济主体的职能都是相同的，只是由于经济的发展使某一个经济主体从事的职能分解为不同的主体来执行，在社会中产生一种新的权责结构，使不同的经济主体具有不同的经济职能。

随着社会生产力的不断发展，社会经济权责结构的变化不但出现了许多新的经济主体，

而且出现了以前从未出现过的权利、义务、责任关系。一般来说，经济主体之间的距离相隔越大，这些权利、义务、责任的关系就会越松散；它们之间的距离相隔越小，权利、义务、责任的关系就会越紧密。因此，为了保证权利、义务、责任的关系在经济活动中能够正常实施，就必须建立一种经济协调机制，或者经济监督机制。首先这就需要将经济权利、义务、责任价值化和可计量化。会计的产生使得这个经济协调机制有了一个制衡器。在经济职能浑然一体的经济结构中，会计纯粹是为了满足人们对生产管理的需要，它的一切特征主要受社会生产力的影响。当由于经济职能的分解而引起社会经济权责结构发生变动时，会计作为一种公平、公正的制衡器的作用日益为人们所接受，会计对于社会经济结构的稳定有着越来越重要的意义。股份公司的产生使会计在经管责任的受托、解脱中的作用更加重要。

正如美国一位著名会计学家在1975年出版的《会计计量理论》中谈到的那样，毫不夸张地说，现代社会建立在一个经管责任的网络上，会计人员作为第三者加入委托人与经管者的经管关系中去。一方面是企业资财的所有者，作为经营管理责任的委托者要求对企业的资财及经济活动的变化有客观真实的反映，以便检查经营管理责任的受托者是否履行了职责；另一方面是企业的经营管理者，作为经营管理责任的受托者也要求对企业的资财和经济活动的变化有公允、客观的反映，以便向企业的所有者报告。作为相对他们而独立的第三者，会计人员通过处理和揭示企业的财务会计信息，使社会经济权责结构能保持稳定，使经营管理责任的委托和受托能够有条不紊地、顺利地进行。

社会对会计的影响是多方面的，无论从理论方面还是从实务方面，都会对会计产生影响。例如，社会对于会计信息公开性的要求程度，从一定意义上来讲，会受到社会对保密性认识及个人权利认识的影响。一般来说，社会对保密程度的要求与会计信息的公开性是成反比的，社会对保密程度要求越高，会计信息的公开程度就会越低。在西方一些资本主义国家里讲求国家公民权益、保护投资者个人的权利，合伙制、股份制是企业的普遍形式，因此对信息的公开性有着较高的要求，这样对会计准则的制定和实施就有着非常大的作用，会计的方法和理论受信息公开披露的影响会很大。社会的保守程度对会计的计量观也会产生影响，保守程度不同，对资产、收益的计量就会采用不同的会计政策。

如果社会是稳定的，会计中的持续经营假设才能够成立；如果社会不稳定，企业的破产清算成为普遍现象，会计的持续经营假设就毫无意义。社会意识形态对于会计也会产生重大影响，在不良思潮的影响下，世界各国普遍采用的借贷记账法也曾经在中国被批判否定，甚至还会实行所谓"无账会计"的愚昧做法，这种极不正常的现象无论如何都不能用其他原因解释，只能理解为政治上的某种需要。中国会计在相当长的一段时间内采用的资金来源等于资金占用的会计等式，资金平衡表也同时采用"三段平衡式"，毫无疑问是受到了计划经济条件的影响。

2001年，美国社会经济出现了"安然事件"，紧接着世界通信公司、施乐公司、默克公司都出现了隐瞒、篡改会计信息的丑闻。这在会计理论界和实务界都引起了极大的震动。大家公认的、先进的美国经济制度、会计制度会出现这么大的漏洞，真是难以想象。其实，这也是社会制度安排的结果。美国现在的这种社会制度是在20世纪30年代经济危机时期逐步建立起来的。股份公司的决策权掌握在董事会手中，决策之后的日常运作由经理人员来进行，为了避免内部人员操作和让公众、投资者保持信心，注册会计师对于会计期间结束后的财务信息进行审计。这种制度的建立，是针对当时的经济危机内部人员控制的问题提出的，表面上看是非常合理的。

但是，随着社会经济的发展，制度安排出现了非常大的变化。首先，对人力资源问题有了新的认识，提出了以期权制为核心的激励机制，高级经理人员、首席执行官的个人利益直接与公司的业绩联系在一起，其中需要披露的财务会计资料直接关系到其业绩表现，进而关系到他们的个人利益。如果社会经济变革或者出现动荡，企业的经营就可能出现困难，这些人最先知道公司的实际情况，可以在企业经营业绩下降时虚拟会计信息，人为抬高经营业绩，尽快将手中的股权变现，从而实现个人利益的最大化。因此，企业的高级管理人员受利益驱动，完全可能通过操纵会计信息来得到某种经济利益。其次，注册会计师的执业环境发生了非常大的变化，他们除了审计工作之外，还要负责企业的投资、金融服务等方面的工作。咨询、服务方面的收入在这些会计师事务所的收入比重中已经占有决定性的份额，其结果必然影响会计师事务所在审计中的公正性，在这种必然的利益驱动机制下，会计师的公正性受到严重的影响。综上所述，20世纪30年代以后建立的这种公司制度已经出现了严重弊端，对于会计信息质量无疑会产生重大影响。

从最近几年中国注册会计师出现的问题，到美国一系列大公司出现的问题，都引发了人们讨论所谓会计人员和审计人员的"诚信"问题。其实，人们在市场经济条件下讲诚信，企业遵守会计制度、会计准则，都是外部约束的结果。经济学认为，人们都是趋利避害的，大家约定共同制定并且遵守一定的社会制度、社会秩序，也是为了得到共同的利益。美国现在的这种制度，包括企业内部的财务会计制度、社会对财务信息的监督制度，都是为了满足工业化社会的社会利益构成及安排。对于新经济条件下的利益构成的变化，这种制度已经显现出千疮百孔的尴尬局面。

二、政治对会计的影响

政治是经济的集中表现。政治上的要求往往通过一些经济政策来体现，政治对会计的影响往往不是单独表现，而是与经济、教育、文化等各方面因素一起发挥作用。因此，我们这里着重研究政治体制对会计的影响。政企合一与政企分离是政治体制对会计最明显的影响，由于政企合一，政府必然要过多地干预企业的行为，对会计活动也必然要发生影响。

英国会计学家J.P.卡蒂曾经在《联合王国的会计准则》一文中直言不讳地指出，会计准则的制定是一个政治过程，其结果将是针对不同集团的目标之间和同一集团的不同目标之间折中而言的。审计师希望的是维护他们的声誉和收入的准则，而不是那种足以使他们与希望避开这一问题的客户发生冲突的准则；产业界的会计师之所以希望有准则，是为了迫使非会计主管去改进会计方法，但他们喜欢的却是能掩盖其公司内部可能出现的灾难的"盾牌"；证券交易所希望准则能保护证券交易所的声誉，但又不希望在执行准则时过于严格，因为这样会使公司放弃使证券上市交易的打算；政府希望发布准则，但不希望中央政府各部的会计与这些准则和现代会计保持一致。他在这里非常明确地指出了政治是经济的集中体现，政治必然会对会计准则产生根本性的影响。

在一个社会中，一定的阶级或集团的政治活动归根结底都是为了维护自己的利益。国家作为统治阶级利益的代表，在会计准则的制定和实施过程中总是要进行一定程度的干预，或者要求由国家制定会计准则，或者是将制定会计准则的权力交给民间会计职业团体，自己保留监督权和否决权。例如，在美国会计准则制定的过程中，美国的证券交易委员会甚至国会都曾经发生过直接干预会计准则制定的情况。美国财务会计准则委员会发布了第19号准则公告，要求对石油和天然气的废井成本采用"成功法"进行一次摊销。但是该行业的中小企业家通过院外集团进行游说活动，借助国会的力量使美国证券交易委员会否决了这一准则，迫使财务会计准则委员会最后允许采用"成功法"和"递延法"等多种方法。

对于前面讲到的会计模式，可以比较法国的会计模式与美国的会计模式，二者之间有明显的不同。法国会计是通过中央政府的会计总计划来指导全国的会计工作，各个会计单位都执行统一的会计制度，按照统一的方式与要求进行记录处理，并且提出符合国家要求的会计报告。会计的理论以及技术方法在很大程度上受国家的控制。美国会计的理论和实践主要是市场经济的产物，会计准则是在激烈的市场竞争中产生、完善、发展起来的，民间会计职业团体制定和修改会计准则，要求会计保护股东的权益。很明显，法国与美国的会计从理论到实务上都有不同，主要原因是政治体制方面的问题。法国、美国虽然都是资本主义国家，但是二者实行不同的政治管理体制：法国受《拿破仑法典》的影响，国家政治体制采用了中央集权制的形式，中央政府的权力相对集中，国家对于市场经济的干预较大；美国的国家政治体制则采用联邦制，与法国相比，中央政府的权力相对分散，市场经济的自由化程度更高一些。

公司会计受到政府左右或者影响的例子很多。1990年以前，美国太空国防科技工厂TRW一直采用公元年度作为会计年度，即每年的1月1日到12月31日。但是美国政府是其最大的客户，它的会计年度是以每年的10月作为开始日期。这样一来，TRW就面临着非常大的困难，由于这种不确定性，TRW只能在每年编制年度预算时预设一笔准备金。因为美国政府在每年10月会有一些工程项目发布招标消息，而TRW为了掌握政府发标的消息，争取市场主动权，使得一旦有一些突发的项目就可以用这笔预算去竞标。但是这样做太不方便，于是在政府的影响下，TRW就将公司的会计年度进行了调整，也改为每年10月1日到次年9月30日为一个会计年度。

三、法律对会计的影响

"法律"是阶级社会特有的历史现象,它体现统治阶级意志,由国家制定或认可,是以国家强制力保证实施的行为规范的总和。不管意识形态如何,各国都有不同的法律制度,这些法律制度是最直接、最经常地制约经济行为和会计实务的。由于不同国家的法律制度存在着差别,它们的会计制度也有差别。具体而言,影响会计的法律环境包括两种:大陆法系和英美法系。国家所属的法系不同,对会计模式的影响也不同;会计立法的主导思想。会计的立法思想决定了会计的立法模式,不同的立法模式又会对会计实务产生不同的影响。

(一) 两大法系的差异

西方法学界根据各国法律的特点及其源流关系对各国法律进行的分类称为法系。当代西方调整经济关系的法律制度分为大陆法系和英美法系两种。

大陆法系是以罗马法的术语、概念、原则为基础的一类国家的法律以及依照这种法律制定的各国法律的总称。由于大陆法系受罗马法的影响很大,所以又称为罗马法系,属于大陆法系的国家有法国、意大利、德国、西班牙、荷兰、日本等。英美法系源于英国,是英国古代不成文的习惯法依靠法庭审判案件的判决逐渐延续下来的。属于英美法系的国家包括英国、爱尔兰、美国、加拿大、澳大利亚、新西兰等国。这两大法系存在明显的差异,主要表现为以下方面:

(1) 立法者的思维方式和工作方式不同。大陆法系强调法律条文的完整性、系统性和逻辑性,其法规具有成文法的特点。英美法系注重对社会经济生活中出现的具体问题在法律上加以规定,且对前人的法律处置先例尤为关注,因而,其法律多为前法官所做的"判例",具有传统性和继承性。

(2) 法律结构不同。大陆法系的法律结构一般都包括基本原则和细则,从内容到体系都是包罗万象、自成一体,形式比较完整、内容比较严谨、条款比较原则。英美法系的法律结构是由许多形式不同、来源不一的法律集合而成的,判例法是该法系的显著特点。

(3) 对社会经济活动的管制程度不同。实施大陆法系的国家政府往往借助于法律手段对经济生活进行全面干预,整个社会的经济活动处于国家详尽而完备的法律管制之下,企业的自主权受到限制。属于英美法系的国家,法律对经济活动的约束比较笼统、灵活,经济活动得以在比较宽松的条件下进行。

(二) 不同法系下会计模式的比较

由于大陆法系和英美法系之间存在差异,因此在某种程度上也导致了相关国家会计模式存在着重要差异,具体表现在以下几个方面:

1. 不同法系影响会计管理体制的形式和内容

(1) 法律手段在调控经济中的作用大小决定了管理体制中的立法管理倾向。在英美法系下,法律手段在调控经济中的作用较小,会计体系在很大程度上是会计师在实践中常用进而约定俗成的，而不是通过法律形式加以规范；在大陆法系下，法律手段在调控经济中的作用相对较大，会计管理体制倾向于立法管理。

（2）在各种不同的法系下有关法律中会计规定的详细程度不同。在英美法系下，法律一般不规定过多的具体细节问题，对公司的各种活动和财务报告的编制没有一个概括所有情况的统一规则；而在大陆法系国家里，商法、公司法、证券交易法、税法等法律中对会计的规定十分详细。在有些国家的公司法中，公司会计事项是很重要的内容，在法律中占有较大的篇幅，在法律条文中的规定有非常具体的记账规则和报表格式，如法国的《商务公司法》。

2. 不同法系影响会计准则模式的形式和内容

（1）会计准则的制定。在英美法体系下的国家里，政府对会计的直接管制一般都比较少，会计职业界的作用比较突出，因而会计准则多由民间制定，如美国的会计准则由财务会计准则委员会制定。在大陆法系的国家里，会计工作往往受到政府的严格管制，因此会计职业界发挥的作用很小，几乎没有参与制定企业会计准则的余地，或者只是起到象征性的作用。例如，日本的会计准则由大藏省下的企业会计审议会负责制定，而法国的会计总方案（类似会计制度）则由财政部下属的一个官方机构——全国会计委员会负责制定。

（2）奉行不同的会计原则。在大陆法系国家里，比较强调稳健原则、合法性原则（或形式重于实质原则），如日本、德国、法国；历史成本原则，如德国，不强调真实和公允原则。在欧共体指令的影响下，德国和法国虽然引进了真实和公允原则，但并没有起作用或者说起的作用不大。在英美法系的国家里，强调真实和公允原则，如英国；实质重于形式原则，如英国、美国、加拿大。

（3）不同法系与会计信息披露。会计信息披露的实质，是如何在不同的会计信息使用者之间满足各种会计信息需求的一个政策问题。在不同法系的国家中，法律对信息披露有不同的要求，因此会产生不同的影响。例如，属于大陆法系的日本、法国对会计信息披露的规定是十分详细和具体的，会计信息披露的内容很多，而美国虽然在会计实务中受文化特征和证券交易严格要求的影响，会计信息披露的内容很多，但法规中对会计信息披露的规定则比较笼统。

（4）不同法系与注册会计师制度。注册会计师制度是会计监督体系的重要组成部分。从现实情况来看，世界上任何一个国家（或地区）都或多或少地通过法律形式来规范注册会计师的执业行为。许多国家的法律，尤其是公司法，都作为规范注册会计师执业行为的主要依据。不仅如此，还有一些与注册会计师制度无关的法律，也会对注册会计师制度产生间接影响。由于法律体系的不同，各国有关法规对注册会计师制度的发展也起着不同的作用。例如，在美国，对企业会计行为、注册会计行为和注册会计师进行约束和监督的法律主要是《证券法》《证券交易法》和各个州以《美国标准公司法》为蓝本而制定的《公司法》，在日本有专门的《注册会计师法》对注册会计师的行为进行约束。

应该看到的一个事实是，分属于两大法系的国家的法制虽有共性，但是法系中又有派别之分,如法国派和德国派。法国派注重法律的简明,德国派注重抽象的概念。同时,大陆法系与英美法系在有些方面有融合的倾向。例如,大陆法系国家有不少法律既未编纂法典,也未用成文法来表达,如法、德的行政法,而英美等国已编纂了不少成文法典。

(三)会计立法的主导思想对会计的影响

(1)法律规范一般是由国家制定或认可,体现掌握国家政权阶级的意志,由国家的强制力保证实施的行为准则。会计法律规范实质上是法律规范在会计中的具体应用,因此,可以将会计法律规范定义为:由国家制定或认可并由国家强制力促使实施的有关会计工作的法律、条例、规则、制度的总称。它通过对会计和会计工作的权利、责任、义务、方法、程序的规定,来调整会计法律关系(会计法律关系是指会计主体在按照会计法律规范进行会计核算和财务管理时所形成的权利与义务的关系。会计法律关系是由会计法规确认和调整的由会计行为所产生的社会联系,这种联系是受国家强制力保证的)。

(2)会计法律规范的基本类型。会计法律规范主要有两种基本类型:独立型和混合型。

独立型,即具有针对性的会计法律规范。这种法律规范是针对会计行为制定的,使会计法律规范独立于其他法律规范,如日本、美国、英国等国曾颁布的《会计法》和《预算法》。

混合型,即会计法律散见于有关法律之中。世界上很多国家的会计法律没有被单独制定,而是混合在有关的法律中,如美国的《证券法》及《证券交易法》、英国的《公司法》、法国的《商法》及《税法》、荷兰的《民法》、日本和德国的《税法》和《公司法》等。

事实上,世界上任何一个国家都会通过各种不同的法律形式规范会计行为。

《税法》《公司法》《证券法》《商法》等都在不同程度上,通过不同的角度规范会计行为。通过法律形式规范会计行为最大的优点,就是法律所具有的强制性和权威性。但是法律规范的制定是受某些立法思想指引的,即法规的制定必须兼顾各方面的利益关系,维护特定的经济秩序,但与此同时又必然带有某种倾向性,真正的"不偏不倚"并不存在。在会计立法中所表现出来的倾向性主要指以下几个方面:(1)维护企业的利益,鼓励企业发展;(2)维护投资人(包括债权人、潜在的投资者)的利益,鼓励社会投资;(3)满足国家税收的要求,保障国家财政收入。

在某些条件下,上述三方面的利益关系可以是一致的,所以各国的会计法律规范必然有共同之处,但这三个方面的冲突和矛盾也是必然的,通过立法来解决这些冲突时也必然带有某种倾向性,而这种倾向性实质上是从国家的角度来规定会计在整个经济生活中应该发挥什么样的作用这一主导思想的体现。根据立法思想的区别,可以把各国的会计法律规范分为三种立法模式:企业主导型,如荷兰、瑞士、挪威等;投资人主导型,如美国、英国、加拿大、澳大利亚等;税收主导型,如法国、德国、日本等。

荷兰是最典型的企业主导型立法模式。对企业会计最有影响的法律是《公司法》,1975年被纳入《民法》,成为其一个重要组成部分。《民法》对企业会计工作,尤其是财务报表的编制方法是相当宽容的,在70年代以前几乎没有具体的规定,企业可以根据自己的特点与要求来设计会计制度，选择会计方式。即使在1983年，虽然欧洲经济共同体第4号指令有所限制，并用"可接受的通用会计原则"取代了"良好商业惯例"这条标准，但企业依然有很大的选择余地，如财务报表格式可以在第4条指令所准许的十分广泛的格式中任意挑选。

在荷兰立法中，税法对会计没有直接影响。荷兰的财务会计和税收是分开的，财务会计完全按照会计规范进行核算和处理，报税时再按照税法的规定进行有关项目的预提、摊销和调整。或许可以说荷兰会计在维持其会计理论和方法的独立性的基础上，进一步体现了其服务于微观经济的会计思想。

美国是投资主导型的典型国家。美国证券市场发达，股份公司是经济的基础，要求会计信息具有公正性。美国开创了会计准则制定的先河，制定了世界上第一套现代意义上的会计准则。《证券交易法》和《证券法》对美国会计实务影响最大。无论是1933年颁布实施的《证券法》、1934年实施的《证券交易法》，还是其他法规，都没有涉及有关财务会计确认、计量和报告的具体条文。不过，由于美国证券业发达，为保证会计信息的公正性，《证券法》《证券交易法》要求所有证券上市公司都必须提供统一的会计信息，并授权证券交易委员会（SEC）负责制定统一的会计准则。这两部法律强调保护投资人的利益。

《证券交易法》在前言中强调证券发行时应当对证券的性质和有关的情况进行充分揭示，并防止发生欺诈行为，在条文的内容中规定发行证券必须办理注册手续，申报的内容必须向投资人公布，帮助他们做出投资决策，如果提供了失真的内容，使投资人蒙受损失，则应承担法律责任。

在税收主导型立法模式的国家里，税法对会计实务的影响很大，甚至起主导作用。通常不允许纳税申报与财务报表严重脱节，前者往往是在后者的基础上经过调整而得，且不允许纳税利润低于财务报表上的本期利润，如日本的《税法》和法国的《税法》。由于财务报表要服从经常修改、变化的税法的要求，所以在实务工作中稳健原则的影响十分明显，如采用加速折旧法、必须计提法定准备金、强调按历史成本计量等等，但成本与市价孰低法、后进先出法并不普及。因为法律规定得十分具体，所以不同行业、不同类型的企业之间的会计报表有很大的区别，不便于直接进行比较。

（四）我国法律对会计的影响

就法系而言，我国应该属于大陆法系的国家，会计准则的制定由官方机构主持，并以会计法规的形式发布，在规定的适用范围内具有强制性，会计在一定程度上与税法保持一致。我国企业会计的法律环境和法治建设的日趋完善是相联系的。改革开放40多年来，作为最高权力机关的全国人民代表大会及其常务委员会先后制定了320多部法律和有关法律的决定。作为最高国家行政机关的国务院根据法律的规定和全国人民代表大会的授权，制定了100多部法规。30个省、自治区、直辖市的人民代表大会及常务委员会制定或批准了4200多部地方性法规。国务院组成的各部门、各地方人民政府发布的行政规章共500余部，初步形成了社会主义市场经济条件下的经济法律体系。在现行的经济法律体系中，对会计工作产生较大影响的法律主要有《会计法》《税法》《公司法》《证券法》等。我国政府对会计行为的规范正在从"制度管理"转向"法规管理"。但是，由于我国市场经济才起步，再加上受到封建社会遗留思想以及计划经济的影响，尽管在加强法律建设方面做了许多工作，但是在"人治与法治"的较量中仍然存在着一些不利因素。对会计而言，主要表现在以下几个方面：

（1）我国的法律没有提供一个公平竞争的环境，如《税法》对不同组织形式的企业有着明显的不对等性，税收优惠政策并不是所有企业都能享受。外商投资企业与内资企业之间、国有企业与民营企业之间在法律方面都有一些不平等的地方。

（2）我国的法律没有给会计充分发挥其职能的一个相对空间，更多地考虑了政府宏观调控意图，把会计作为宏观调控在企业的延伸，仍然将会计作为政府监督社会经济运行的工具，限制了会计为适应市场经济要求为企业经营决策所应发挥的职能作用。

有着几千年历史的中国曾经是个高度集中的封建国家，在相当长的一段时期里又是个半殖民地、半封建社会的国家，新中国成立后还实行了30多年高度集中的指令性的计划经济。因此，封建社会遗留下来的一整套"人治大于法治"的思想，在今天不少民众心中仍根深蒂固。更可怕的是高度集权的计划经济形成的官本位、权力本位思想的影响，使各级行政权力超越法制程序而成为一种非常可怕的力量，利用行政权力对企业经营管理活动进行直接干涉的情况屡见不鲜，借助权力而非通过法律解决相互间的利益纠纷问题比较普遍，执法不严、执法犯法的问题尚未得到根本解决。在这种权大于法的现实环境下，法律的权威与尊严受到了极大影响。因此，如何遵循市场经济的客观规律，提倡公平竞争，规范企业的经营活动和会计行为，从有利于最大限度发挥会计的职能作用出发，将行政权力完全纳入法制范畴，是我国当前和今后法律建设方面的一项艰巨任务。当然，新《会计法》的颁布、实施，将会使影响我国企业会计的法律环境大为改观。近年来，随着我国经济体制从计划经济向市场经济的转变，会计法律规范体系如何建设、其作用和表现形式如何设定、各层次会计法律法规内容和关系怎样科学地设计，一直是讨论的热点。我们认为会计法律规范体系应由下列具有内在逻辑联系的几个层次构成：

（1）《宪法》。《宪法》作为国家的根本大法，虽然并没有对会计核算、会计监督、会计人员直接做出法律规定，但宪法中有关经济制度——市场经济体制的基本规定，是任何经济法律，包括会计法律建设的最高依据。1993年3月15日，第九届全国人民代表大会第二次会议通过的《〈中华人民共和国宪法〉修正案》在明确了我国坚持改革开放，不断完善社会主义各项制度，发展社会主义市场经济的同时，又增加了国家在社会主义初级阶段，坚持公有制为主体、多种所有制经济共同发展的基本经济制度等新内容。《〈中华人民共和国宪法〉修正案》关于经济制度、经济体制的新规定，为《会计法》的修改提供了法律依据。我国会计法律法规的内容将随着国家的根本大法——《宪法》的变化不断地进行修改。

（2）社会经济的相关法律。它是规范社会经济行为且与会计主体有关的法律，主要包括《民法》《商法》《公司法》《企业法》《企业破产法》《税法》等。从会计法的产生与发展来看，会计法律规范一般寓于社会其他法律规范之中，与其他法律合为一体，构成了社会法律规范体系。

（3）《会计法》。不少人认为它是会计法律规范体系的第三个层次，它之所以位居相关法律之后，是因为许多国家的会计法都是对相关法律的提炼、筛选和汇总，就是说相关法律是会计法制定的一个依据，它作为一种独立的法律，主要针对会计方面进行立法，应该包括上述相关法律的部分内容。

（4）会计行政法规。它是调整经济生活中某一方面会计关系的法律规范，它是由国家最高行政机构，如我国的国务院，或放权给有关的行政机构制定，并报经最高行政机构批准发布的，其制定依据是《会计法》及其有关法律。例如，我国国务院颁布的《总会计师条例》《会计人员职权条例》、财政部制定的《会计档案管理办法》《企业会计制度》等，在效力上仅次于《会计法》，必须无条件地强制执行，没有调和的余地，具有准法律的作用，所以可以称为"法规"，因而属于会计法律规范体系的第四个层次。

法律与政治的关系密切，政治上的意图或者要求主要是通过法律条文的颁布来实现的。每一个国家的会计都不可避免地受到法律的影响，但是影响的程度是不一样的。凡是通过法律来规范会计工作的国家，其会计工作的各个方面都会受到法律的严格规定和制约，会计准则、会计方法、会计管理体制以及会计理论都会深受法律的影响。在这些国家里，《会计法》《公司法》《证券交易法》《银行法》《商法》《税法》对会计的影响各有不同，有的通过对会计直接立法产生影响，有的主要依靠几个法律条文影响会计，有的是将对会计的制约散布在一些法律中，但是有一个共同的地方：政府通过制定法律直接影响会计的发展。当然，在这些国家的法律中，"国家"的意志体现得较多，各个会计单位的会计方法、会计程序基本一样，有些国家的会计受到税法的影响，财务会计与税务会计基本混为一谈。在法国、日本、西班牙、德国以及中国，法律对于会计的影响明显要比英国、美国的大。

在英美这样的国家里，民间会计职业团体在对会计准则以及会计方法的制定、选择上，发挥着主导作用。各个会计单位的会计实务活动主要受民间会计职业团体制定的会计准则的影响，政府颁布的法律很少直接涉及对会计的具体要求，即便个别法律谈到对会计的要求，往往也是原则性的。

第五节　文化、教育环境对会计的影响

我们认为，文化是一个社会、民族长期积存的精神财富，它包容了价值观念、思维方式、道德规范、风俗习惯、语言文字等方面的因素。任何一个国家的会计发展都不可能脱离其文化环境的氛围，任何一个国家的会计在其发展过程中都会以其特有的价值观念和思维方式形成会计思想、会计理论，以其特有的语言文字描述和传播会计信息，按照其道德规范及习惯进行会计处理，总之是汲取社会文化的养分来形成这个社会的会计文化。例如，会计准则作为对会计活动的抽象和概括，理所当然地受到社会文化的影响，任何一个国家成功的会计准则都不可能照搬或套用其他国家的会计准则。无论在会计准则的内容方面，还是在会计准则的表述方面，都会受到社会文化的影响并带有其社会文化的色彩。当然，应该强调指出，承认一定社会文化对会计的影响并不意味着拒绝外来文化，会计文化的国际交流对于各国会计准则、会计理论水平的提高是十分有益的。但是必须考虑到中华文化源远流长、博大精深，是世界上任何一种文化都无法比拟的，中国会计准则的制定和实施都不可能回避这个现实。

在汉语中文化与教育有时是不可分的，有一种意见认为文化是一个大的概念，文化应该包括教育，这里可以将文化理解为文化教育。但是大多数人认为文化和教育应该是完全不同的概念，文化一般指文化活动，而教育则是指教育活动。

文化是影响一个国家会计制度的重要环境因素。我们在这里所说的文化，是泛指社会行为的思维方式、道德规范、价值观、语言文字和习俗。在文化传统相同的社会里，人们的价值观和信念相同、风俗习惯相同，并且对行为有认同的规范。人们长期以来养成的价值观念和传统习惯，始终具有强大的历史惯性，这种历史惯性也会在会计实践中表现出来。由于会计是一种社会与技术相互影响的行为，它牵涉人和技术两个方面，所以根本不能摆脱社会文化的影响。每个国家的会计工作和会计制度都在一定程度上受到它所处的文化环境的影响，反映着它所在的国家和民族的文化特点。下面我们从文化的角度出发，来分析欧美国家与中国在会计上的差异，进而揭示不同国家的社会文化特性如何影响该国会计的发展。

一、行为文化

（一）人与自然的关系

人与自然的关系，即人在自然界中，如何摆放自己的位置。这一关系有两种类型：一种是"臣服型"，认为一切都是命中注定。在过去，多数中国人属于这一类型。所谓"谋事在人，成事在天"即是例证。另一种是"主宰型"，强调主观能动作用，即所谓"人定胜天"。这两种不同类型的关系，对会计的影响主要体现在以下方面：

（1）对会计属性的不同认识。在西方的文化环境中，会计被认为是人类征服自然的工具之一，突出强调会计的自然属性。美国的会计学者认为，会计仅仅是一种可以提供人们所需的数据资料的技术手段或信息系统，人们只需探讨如何对这种技术做出合理的解释并使之不断完善即可。这样的结果，一方面使许多会计方法的选择自然代表了占统治地位的"资"方的意志，另一方面又容许存在多样化的会计方法。

在中国的会计理论研究中，会计的属性问题一直是有争论的。在改革开放之前，会计的社会属性被突出地强调，导致了对西方会计理论的排斥。现在，我们则强调会计的双重属性：会计的自然属性使人们不断地改善自己的会计方法，社会属性要求会计理论研究和会计方法的选用必须适合已设定的我国社会主义市场经济体制的要求。在会计理论研究中考虑会计的两种属性，有利于对不同会计方法的选择做出更为合理的解释。

（2）对会计目标设置的不同认识。在美国，企业会计人员往往会雄心勃勃地确立自己工作的目标，其中既包括对外的财务会计目标，也包括对内的管理会计目标。会计目标的设置，不仅明确了会计人员的工作方向，还反映出美国文化中那种"主宰自然"的深刻信念。他们认为只要把足够的时间、人力、物力、财力倾注于一个目标，它就一定能实现。相比之下，在主张从属于自然的中国文化环境中，企业的会计目标较少采用精确的定量设置，多用定性方式来表达。会计人员在设置目标的过程中作用较弱，且一般未区分财务会计目标和管理会计目标。

目标设置的差异还进一步导致了两国会计研究起点的差异。美国的会计研究一直以会计目标为起点，也以会计目标为归宿。为了达到这一目标，还构造了一系列先决条件——会计假设，并设置了要达到会计目标的约束性条件，即会计原则，会计方法则成为实现会计目标的具体手段。而过去我国的会计研究，多以会计的对象、会计的本质等抽象概念为出发点，理论与实践不能很好地结合，没有充分体现会计作为一种"工具"的自然属性。

（二）行为取向

行为取向是指人们喜欢以什么作为活动的焦点。这一取向有两种类型：一种是自在型，其特点是具有淳朴、自然的自发性，并受一定思维的节制；另一种是自为型，主要表现为向着目标不断努力的奋斗精神。

会计受行为取向影响的一个重要方面是会计核算侧重点不同。在自为型取向占统治地位的美国，工作及其相关活动被人们视为存在的焦点。人们普遍认为收益是会计核算的中心，也是企业一定时期的经营成果，费用则是企业为之付出的努力。因此，收益反映出企业管理人员的工作业绩，是衡量企业管理人员是否有效运用投入资本的一个重要指标，即"无功就是过"。所以，损益表是美国企业最重要的报表之一。

在以自在型取向为主的中国，会计核算的侧重点在于成本。企业的许多决策标准和奖惩标准并非完全以业绩为标准，而是带有一些感情色彩。由于重成本，所以制造业会计长期处于整个会计体系的主导地位。对企业管理人员进行考核评价，不注重他创造的效益，而着重看其成本开支是否符合规定、付出的努力是不是足够大，即"没有功劳有苦劳"，这在一定程度上会影响企业管理人员的进取精神。

（三）社会关系

从某种意义上说，在一个社会当中个人与群体的关系也是社会文化的体现。一般来说，在崇尚个人主义的国家，社会结构比较松散，重视个人的独立性；而在倾向于集体主义的国家里，社会结构具有较强的凝聚力，社会成员关系比较紧密，注重组织纪律性。由于这两种不同类型的社会关系的影响，在崇尚个人主义的国家中，往往强调会计职业的自我约束，注重会计人员的个人职业判断，而不希望法律过多地管制和干涉；在倾向于集体主义的国家中，会计人员习惯了由政府法令对会计核算和信息披露做出规定。

英国和美国由于其特定的历史背景和传统，经济活动一直是在崇尚个人主义、避免政府干预的环境中发展。因此，英美的会计界强调职业导向和灵活处理，对法律的依赖程度较小，会计专业水平较高。会计准则只提供原则性指引，会计人员需要根据实际情况，依靠职业判断来选择适当的处理方法。在英国，公司法适用于所有的有限责任公司。对于公司的会计处理，公司法只提供一个大致的框架，至于具体会计处理方法，留待会计职业界去决定。为了达到真实和公允，会计核算特别依赖会计人员独立的职业判断能力。英国是世界上最早设立会计职业团体的国家，会计职业享有很高的独立自主的地位。像英国一样，美国的会计职业团体也是规模庞大、人员众多的。在政府的授权下，会计职业团体在会计规范的制定中起着决定性作用。从信息披露的情况来看，英、美两国由于标榜个人主义，企业推出各种投资计划向社会个人集资，这种集资活动成为十分重要的经济行为。公司公布的会计信息是投资者决策的主要依据。由于资本市场规模宏大、公司股权分散，为了监督公司的营运，社会上逐渐形成一种压力，促使公司向投资者提供详尽的会计信息。这种压力对英、美两国会计准则和会计实务的发展均有显著的影响。美国的财务报表以大量信息披露闻名；英国的财务报表虽比美国的简单，但也附有详细的注释。此外，对于信息的公布，除了在法律上有最低限度的要求，会计界也鼓励公司主动公布更多的信息。

同为发达的资本主义国家，倾向于集体主义的德国和法国，情形与英、美两国截然不同。德国的文化历来崇尚纪律，在会计方面体现为会计规范也以立法为主。政府干预会计是德国的传统，它的《公司法》对会计处理做出了详细的规定，包括利润计算的方法、资产评估的原则和财务报表的格式。《税法》《商法》和《股份公司法》支配了德国的会计原则，会计核算的目的主要是协助税务管理。核数报告（审计报告）并不能说明公司报表是否真实反映了公司的财务状况和经营成果，只是证明其符合法律规定。法国政府也实行集权性、计划性的会计管制，会计行为受中央集权的行政规定的约束。在德、法两国，会计职业团体规模较小，地位也不高。德、法两国的证券市场并不十分发达，其资本多数来自政府、银行和家族成员，股权集中，因此不重视以投资者为导向的会计信息披露，在传统上看重债权人和税务机关的信息需要。

二、观念文化

（一）人性论

人的本性到底是本善，还是本恶，或兼而有之？在基督教的原教旨主义观念中，性恶论占了优势；世俗的基督徒则倾向于人性是中性的，善恶兼有；而中国、阿拉伯等地的东方宗教，则普遍认为"人之初，性本善"。人性论对会计的影响，主要表现在审计监督方面。性恶论者及中性论者出于对人性的怀疑特别主张严密的审查监控。因此，美国的审计十分发达。在美国企业中，有非常健全的内部审计制度，它们把职员的循规蹈矩归因于这种监控制度的效果，而不是出于人的善良本性。相比之下，在性善论的文化氛围中，中国的企业在过去相当长的一段时期内没有设立内部审计机构进行自我约束，没有认识到这一制度对于增加经济效益、提高工作效率的作用。即使后来，按照政府有关规定勉强成立了内部审计机构，其工作范围和职权也比较狭小。在这两种不同的监控制度下，审计的地位自然差别甚大。在美国企业中，审计负责人的地位远远高于我国，许多公司的内部审计至少由副总经理负责，由总经理直接负责或由董事会审计委员会领导的也为数不少。在中国，有的企业内部审计由总会计师负责，有的甚至由财务部门负责。而且开展内部审计时所受的干扰很大，内部审计报告往往不能直言问题之所在。倘若内部审计人员审查一个会计人员的账务，在美国会被认为是正常的例行公事，在中国则会被认为是某个单位的会计人员有问题，是对会计人员的不信任。

（二）时间取向

时间取向是指人们对新事物的反应。如果一个人面对新的挑战时，其反应是回顾过去别人如何对待这类问题，那么这种时间取向是面向过去型的；如果他主要考虑的是该行动与当前直接联系的结果，那么其时间取向是面向现在型的；如果他首先关心的是这一行动的长远后果，那么其时间取向应属于面向未来型的。很显然，中国和美国文化环境中的时间取向观有较大的差异。多数中国人更倾向于面向过去，多数美国人则更愿意迎接未来。受这一观念影响较大的会计工作，就是企业的预算编制工作。有人做过一项对某著名的跨国公司统一预算制度执行情况的调查，结果表明该跨国公司对中国的子公司和美国的母公司在做法上有所不同。这套预算制度制定了大量程序、规章以及进度和限期等指标，要求世界各地的子公司统一执行。中国子公司在执行中，十分注重计划情况和完成业绩要求，对于新的会计年度内新的变动因素则不重视。同时，在中国会计人员看来，只有真正的会计业务发生后的结果才是真实的，预算制度是可以敷衍的一项工作。相反，美国母公司则将预算看成真实而必要的，在预算制定过程中考察了诸多将来可能出现的新情况，并相信这一制度在会计工作中能发挥应有的作用。所以，在美国的管理会计及实务中，十分强调长期投资决策和全面预算，将会计从反映过去拓展到规划未来。而我国对管理会计的研究虽已有 40 多年，但至今仍很少有企业在内部决策中运用管理会计那一套预算制度。

（三）利益观念

重义轻利观念与讲求效益观念对会计有一定的影响。重义轻利观念把对物质利益的追求看成是"纵欲"，是"小人"所为，表现为不讲劳动报酬、不算经济账等等。经济效益被当作有害的东西加以摒弃。讲求效益观念则提倡所费要有所得，而且力求以尽可能少的耗费换回尽可能多的收益。这两种观念，反映在会计上就是：是否对企业生产经营过程中的各种耗费加以认真分析，严格考核；是否积极探求产品成本增减变动的原因和降低成本的途径、确定成本降低任务；是否应通过科学的管理去争取获得最大的经济效益。中国过去的传统观念中，重义轻利的思想较普遍。随着经济的不断发展、改革开放的层层深入，企业的经营意识有了较大的转变，越来越多的企业已经把注意力集中到经济效益上，提高经济效益成为多数企业的主要经营目标。

三、心理文化

会计人员的心理是趋于求稳、保守还是趋于激进、乐观，直接影响企业会计政策的选择。我们仍以英、美和德、法这两组国家为例，来考察不同的心理文化在会计上的反映。

英、美两国的社会心理保守程度较低，会计上强调"真实"反映，在会计处理方法上常常有大胆的创新。例如，英国对资产价值确认有着弹性较大的处理方式，允许资产重估。大部分公司都定期对房地产进行重估，并以重估价值编列报表。在无形资产方面，多数公司喜欢将商誉从储备中注销，认为这样做比逐年从损益表中摊销对利润更有利。还有一些大公司将产品的商标估价列入报表。这些创新的趋势，也引起会计界的不少争论。美国是率先采用分部报告的国家，要求公司公布不同产品部门或不同地区的营业额、利润及净资产。美国早在20世纪60年代就开始采用联营法编制合并会计报表。

而德国对资产核算则采取保守的态度，严格执行历史成本原则。为保障投资者利益，法律要求公司设立"法定储备"，另外还设立"未来亏损储备"，以备利润下降或发生亏损时使用。在外汇处理方面，对年末以外币表示的应收、应付款和长期负债采取求稳的态度，只承认折算损失，不承认折算利益。在编制国外附属公司的合并报表时，普遍采用"当时汇率折算法"，因为马克（原德国货币单位）强势，采用此方法的资产折算值高，所计提的折旧也高，因此可以压低利润。法国在会计处理上的取向与德国类似，包括提取法定储备和风险储备，对长期建筑工程采用全部完工法，而不像英、美用完工百分比法。1985年实施欧洲共同体的指令之前，大多数公司也没有编制合并会计报表。

四、盖尔特关于文化环境对会计的影响的观点

（一）关于文化特征

在讨论文化对会计的影响时，不能不研究介绍盖尔特关于国家文化对企业组织结构及

其运作的影响的研究。盖尔特的杰出贡献在于提出了文化的四维度模式，即一国社会文化的特征主要通过以下四个方面反映出来：对不明朗因素的回避程度、权力距离、阳刚性与阴柔性、个人主义与集体主义。这一理论是在其对跨国公司在53个国家和地区的分公司进行问卷调查，并通过实证研究后归纳得出的。主要思想概括如下：

（1）对不明朗因素的回避程度。这一文化特征表示社会成员所具有的对不确实的、模糊的事物的反映程度。对不明朗因素反映较强的国家，人们追求确定性较大的事物，并要维持确实可靠的防范措施。在这种社会里，人们要严格维持信念和行动，不容纳缺乏可靠性的思想和行动，社会中存在以维持确实性为目的的特定制度，即法律、规则和习惯，以对应人类行为的预测可能性。相反，对不明朗因素反映较弱的社会，存在较为放松的维持原则和准则的倾向，容忍生活中内在的不确定性。

（2）权力距离。这一文化特征表示特定社会的制度和组织内的成员所拥有的权力之间的不平等程度。

（3）阳刚性与阴柔性。阳刚性较强的国家宣扬成功心理、英雄心理、冒险心理、对物理性成功的挑战等比较粗糙而又挑战性强的事物，阴柔性较强的社会则宣扬扶老携幼、对周围环境的保护、生活的质量等柔和的环境。在阳刚性的国家，无论男女都具有较男性化的价值观；在阴柔性的国家，则都具有较女性化的价值观。

（4）个人主义与集体主义。这一文化特征是指社会成员之间或者个人和周边成员之间的连带关系。在以个人主义为主流的社会中，社会成员之间的连带关系较为疏远，每个成员对所属集团或其他组织而言较为独立。一个人与其说是一个集团的成员，不如说是一个独立的个人，以自我为中心的利益主导着社会。因此，辞职现象严重，个人为了自己的利益而参加各种组织，主要依靠竞争提升。在以集体主义为主流的社会，组织对社会成员的约束力较强，组织利益优先于个人利益，成员之间存在着连带关系，辞职现象较少，强调传统性的原理，按工龄提升。

（二）文化环境对会计的影响

盖尔特的文化特征及其测定，对利用"个别"文化构成因素来研究以比较文化论为主的会计制度有很强的适用性，并且为论证文化特征因素和其变量及有关研究的主要概念之间具有相关性，提供了可能。

后来，盖尔特在与东南亚的研究人员合作研究时又提出了第五种文化范畴——时间导向，将短期时间导向与长期时间导向分开，这样文化环境对于会计的影响可以概括为五种反映国家文化的社会特性：个人主义、权力距离、阳刚性、不明朗因素和长远性观点。

（1）个人主义与集体主义的关系。在崇尚个人主义的社会中，一般来说社会结构松散，个人考虑家庭和自己的利益较多；在崇尚集体主义的社会中，社会结构具有凝聚力，个人都会预期得到其他人的照顾，而他们也会进行无条件的回报。中国传统文化中的"老吾老以及人之老，幼吾幼以及人之幼"，就是这种典型的文化。社会究竟是倾向个人主义还是集体主义，一般根据社会内部人员之间的相互依赖程度来判断。

（2）权力距离的大小。权力距离表现为人们对于结构组织权力分配的接受程度。在权力距离较大的社会，人们习惯接受社会组织规定的秩序，每个人都在一定的组织结构中占据自己的位置，即所谓的"长幼有序""各得其所"。在这样的社会中子女服从父母，学生尊重师长，下级服从上级。在权力距离表现较小的社会中，人们在家庭和组织机构中要求某种权力的平衡或者平等，要求建立或者调整为一种平等的权利结构。在这样的社会中，子女希望与父母处于一种平等的地位，学生期望与老师彼此尊重，下级希望自己的意见能够经常为上级重视并且作为决策时的依据。我们在分析社会权力距离大小时，一般是看人与人之间出现不公平时，社会如何对待他们。

（3）阳刚与阴柔的关系。在崇尚阳刚之气的社会里，人们重视成就、崇拜英雄、重视决断能力和物质上的成功。在主张阴柔的社会里，人们注重人际关系、关心弱小、谦虚谨慎、关心生活素质。

（4）对不明朗性因素反映的强弱。对不明朗因素反映的强弱表示人们对不明朗情况的不安程度。在一个社会中对于不明朗因素反映较强就意味着人们希望社会机构能够维系社会一般遵循的惯例，人们对于社会的观念和行为有一套较为固定的看法，一般不能容忍与众不同的人和看法。相对来说，在一个对于不明朗因素反映较弱的社会中，人们容易容忍或者接纳有差异的人或者事，对于未知风险能够泰然处之。

（5）长远性观点。一个社会的长远性观点占上风，其价值特性表现在有勤俭节约的美德、能够忍耐、善于储蓄；一个社会如果持短期观点，就容易急功近利。

文化对会计的影响主要集中在专业导向与法律管制方面。在一个以专业为导向的社会中，会计人员着重于个人的专业判断，强调专业的自我约束，依存于法律、法规等强制性手段。在统一性和灵活性方面，文化对会计的影响也非常明显。在保守主义与乐观主义方面、保密主义与公开主义方面以及公众利害关系方面文化的影响往往会起到决定性的影响。

一般来说，一个社会越是注重个人主义，权力距离越小；不明朗因素程度越低，越是强调专业导向、强调灵活性；一个社会不明朗因素和长远性观点越强，个人主义和阳刚性越小；权力距离越大，社会的保守主义、保密主义的倾向越是明显；一个社会的个人主义越强，权力距离和不明朗因素越小，公众利害关系越容易被调整。

现在有一种说法，就是所谓的非正式制度安排理论。这个理论指出，会计价值观念、会计文化传统、会计惯例、会计道德伦理等非正式制度会对会计理论、会计工作及会计改革产生极大的影响。非正式制度安排具有自发性、非强制性、广泛性、持续性的特点，从会计发展的历史来看，在会计产生正式制度之前，各种会计活动都是依靠非正式制度安排来进行的，它制约着会计活动的进行。即使在现代社会中，非正式制度安排也在很多场合发挥着巨大作用。例如，我国会计改革采用了一种渐进方式，这与传统的文化观念有着密切的关系，采取中庸之道、不走极端，是中国传统文化的主导思想，中国的会计工作者不习惯也不喜欢突兀的变化。因此采取渐进式的、较为温和的会计改革方式比较容易取得会计人员的认同，可以减少改革的阻力和成本。传统的习惯和会计观念对会计改革的影响可能表现在很多方面，从地方对中央的从属心理来看，可以帮助会计改革自上而下地贯彻有关方针政策，但是"路径依赖"法则又会使人们习惯按照原有的旧轨迹（旧的会计制度、会计方法）运作下去，在会计改革中出现上层积极性高涨、下层消极抵抗，一些改革办法走样、胡乱应付的状况就是这种影响的结果。

五、教育环境对会计的影响

教育是会计环境中最容易被忽视也是最重要的因素，从某种意义上说，一个国家的教育水平决定着其会计工作水平的高低。如果说会计的历史就是文明的历史，会计总是同文明和进步携手前进的，那么也可以说会计的历史就是教育的历史，会计的进步总是同教育的进步携手前进的。会计由于它特有的技术性、艺术性，要求从事会计工作的人员具备一定的素质，要有相当的文化知识水平。

在世界上大多数国家中，会计人员受教育的程度都是比较高的，要经过较长时间的专业培训、经过复杂的考试和较长时间的经验积累才能进入工作岗位。应该指出，会计教育是在一般文化教育水平基础上进行的专业教育，一方面它受到一般文化教育水平的制约，如数学、语文等基础教育对学生逻辑思维的培养；另一方面它也具有自身的规律性，如通过会计特有的方法对价值运动进行抽象的反映，对经济活动、法律形式与经济实质进行判断，等等。我们研究会计专业教育的规律性对提高会计人员的知识水平及会计工作水平都具有现实的意义。在我国制定会计准则的过程中，会计人员素质一直是困扰会计准则制定、颁布和实施的重要问题。

我国的会计教育从整体上说来，落后于时代。如果用一句话概括，就是不能适应国家经济建设发展的需要。具体地说，在会计教育的培养目标、专业设置、教材编写选用、教学方法、职业道德等方面都有许多值得研究的地方。例如，如何扩大会计专业学生的知识面、改进知识结构；如何加强案例教学，提高学生的会计实践能力、分析问题及解决问题的能力等，都是亟待解决的问题。

教育是人类社会有目的的活动，通过对受教育者的身心施加某种影响，使之具有教育者所期望的素质。教育包括有组织的教育和无组织的教育、系统的教育和非系统的教育。学校教育是一种有组织的、系统的教育，也可以将学校教育称为狭义的教育。

教育对于会计的影响可以归结为以下几个方面：

1. 教育理论和教育内容对会计的影响。

德育教育对于会计的影响是决定性的。近几年来，会计信息失真已经成为世界性的灾难，在中国从指令性的计划经济体制转向市场经济体制的过程中，从"原野""琼民源"到"郑百文""银广夏"事件，会计信息失真事件不断出现，都是上市公司披露虚假信息，注册会计师出具虚假审计报告的行为；在资本市场高度发达的美国也不断出现"安然""世界通讯"等一系列大公司的会计舞弊案。尽管人们一直将美国看成是公司治理结构最完美、市场监管最全面、民间审计最有效的国家，但是会计信息虚假仍然是美国社会经济中的常见病。毫无疑问，职业道德教育是决定会计信息客观性、公允性的重要因素。在会计专业的课程设置中，知识性、技术性的内容占到绝大多数，而对于虚假会计信息的产生会对社会资源配置造成什么样的影响，会计师、审计师在处理会计信息中的职业道德标准，一般性的社会道德标准与会计职业的道德标准有什么区别和联系等一系列问题并没有包括在高等学校会计专业的教学内容中。

智力教育对会计的影响也是非常明显的，包括会计专业知识的传授、会计专业逻辑思维的训练等。一方面需要掌握会计的专门方法，如掌握簿记学、确认与计量的方法，学习一般的会计准则、会计惯例等等；另一方面，应该学习、理解会计专业特有的辩证思维逻辑，注重对于研究方法的教育，如对会计信息真实性和相关性的认识。在指导学生进行"创造性思维"方面，会计专业几乎没有进行任何努力。我们的教学工作仍然停留在知识的灌输式传授上，仍然把重点放在教授簿记学的规范性和严谨性以及会计核算工作的确认和计量上，完全没有意识到经济活动的不确定性对会计活动的冲击是如此严重，以至于会计人员如果再不改变思维方法或者思维模式，会计工作在社会经济活动中的地位将会发生重大变化。

2.教育结构对会计的影响。

联合国教科文组织发布的《国际教育标准分类法》把教育分成9大类、25个学科。9大类分别是普通课程教育，人文科学和艺术，社会科学，商业和法律，科学，工程、制造和建筑，农业，卫生和福利，服务行业。七个等级如下：

0级：指学前教育；

1级：指初等教育，基础教育第一阶段，相当于我国的小学；

2级：指初级中学教育，基础教育第二阶段，相当于我国的初中；

3级：指高级中学教育，相当于我国的普通高中、职业高中、中专、技校；

4级：指非高等的中学后教育；

5级：指高等教育第一阶段，包括第一学位（专科毕业）、第二学位（本科毕业，学士），研究生学位（硕士）；

6级：指高等教育第二阶段（可获得高级研究资格，即博士学位）。

从第2级到第5级，按课程内容的学科类型又分为A、B、C三类：

A类：课程内容是理论型、学术型，是"普通教育"；

B类：课程内容是实用的、技术的、适应具体职业的，是"技术和职业教育"；

C类：课程内容是为学习后直接进入劳务市场而设计的，是"职业前和技术前教育"。

这个分类法在制定时考虑了各国教育发展情况，具有普遍性和共一性，除了第4级在我国并不明确，其他形式我们都具备。应该指出的是，获得博士学位标志着获得了高级研究资格，属于高等教育的最高阶段。这个阶段教育的任务应该是培养"工作母机"，而不是实用性的、技术的职业教育。会计专业的教育应该是3～5级，其中高级中等教育（3级）应该培养会计员，高等的中等后教育（4级）属于职业性的后续教育，高等教育的第一阶段（5级），即会计专业的专科、本科、硕士生分别承担着培养会计师、财务部经理的任务。因此，各个不同阶段的知识结构以及相应课程配置应该有所不同。如果会计教育不能遵循教育规律，就会出现一方面浪费教育资源，另一方面又不能满足会计工作需要的情况。

教育结构是指教育系统内部各个组成部分结合或者构成的状态。

（1）层次结构，亦称程度结构或者水平结构。可以根据受教育者接受教育的年限不同，受教育的内容多寡、深浅不同而呈现出不同层次，也可以分成初等教育、中等教育和高等教育等。上述联合国教科文组织所指出的0～6级这7个等级的分类，就表述了一种不同层次的教育结构。通过不同的教育层次培养可以使社会不同层次的人具有不同的素质。

教育结构对会计理论和会计实务的影响主要表现在三个方面：1）会计人员素质的高低直接决定会计信息的可信性、相关性；2）企业管理者和职工素质的高低，决定其经营管理思想观念、经营管理水平和法律道德观念，从而决定其对会计工作和会计人员的理解和支持程度；3）社会成员素质的高低，决定会计知识在社会上的普及程度和会计信息被理解程度、被利用程度，直接影响政府、企业、投资者、社会公众的决策水平，影响会计的职业水平、职业地位。

（2）专业结构，是指对受教育者根据不同的培养目标，确定不同的知识体系结构，给予不同的课程设置，如农、医、文、理、工、经济学、管理、师范、法律、体育、艺术等等。会计学是一门实用性很强的经济管理学科，它涉猎的学科范围十分广泛，会计专业的教育中大量穿插了其他相关学科的知识，包括数学、经济学、管理学等等。专业学科的划分对会计教育的影响也是非常明显的。由于社会主义市场经济的发展，会计专业具有投入少、专业性强、生源多、就业情况好等优势，学校愿意开办，家长也愿意让孩子学习。几年前社会对人才的需求预测及收入排行中，会计都位于前几位。

（3）形式结构，是指各种教育形式（如学校教育、家庭教育、社会教育等），以及各种办学形式（如全日制、半日制、函授教育等）之间的相互联系及其构成状况。不同的形式结构对整个会计人才教育都有着十分重要的作用，一方面可以培养不同的人才适应会计工作不同岗位的需要，另一方面解决了会计专业的后续教育问题。

（4）管理体制结构，是指由于教育行政管理的隶属关系不同而形成的教育领导系统和管理网络结构。中国的教育管理体制可以大致分成三种情况：国家教委直接管辖、各个地方政府教委管辖和一些中央部委管辖。这种管理结构无疑会影响会计专业教育的方向和水平。在相当长的一段时间里，各个部门管理的院校在专业教育方面都尽量体现部门、行业方面的要求，竭力培养部门会计的专才而不是通才。这种情况虽然在最近几年随着国家机关改革和教育管理体制的调整有了很大改变，但是仍然可以在一些学校看到教育管理体制对会计教育的影响。

（5）地区结构，是指各类学校在地区分布上的构成状态。各个地区政治、经济、文化等各个方面的差异，对会计的专业教育也会产生极大的影响。例如，尽管会计专业教育在最近20年来有了长足的发展，但由于教育水平比较高的学校大多数集中在东部地区，因此高水平的专业人才也相对集中在东部地区（当然，其中也受东部经济发展水平的影响）。

由于我国的市场经济体制正在逐步建立和不断完善，与此相适应的会计教育体制也正在建立和完善。因此，会计教育与会计工作需求不一致，甚至相互矛盾的情况仍然十分严重。阎达五教授主持的《面向21世纪会计学类系列课程及其教学内容改革的研究》指出，会计教育对会计工作的不适应主要表现在专业设置不规范，课程设置重复，教学内容不能培养学生的分析、决策能力，教材内容多数是解释制度，理论分析力度不够，教学方法仍然停留在填鸭式课堂讲授等方面。

3. 教育的国际合作对会计的影响。

随着中国特色社会主义市场经济和"对外开放、对内搞活"的政策，中国经济越来越融于世界经济的大家庭。教育的国际合作，一方面是中国派遣和接受留学生的数量与日俱增，大量的留学生、教师走出国门，汲取国外的先进经验；另一方面是国外大量的教材、资料、案例被国内会计教育界采用。在教育的国际合作方面，会计界的对外交往也取得了实质性的进展，这对于我们借鉴国外先进的理论和经验、取长补短有着十分积极的作用。从近20年来会计理论与实务的发展来看，会计教育有很多地方吸收、借鉴了国外的先进理论方法。

4. 教育水平对会计的影响。

从某种意义上说，一个国家或者一个社会的教育水平决定着这个国家或者社会的会计发展水平。教育水平包括基础教育和专业教育，教育水平程度直接或者间接地决定着会计的发展水平。基础教育水平包括语文、数学、历史、地理、外语等基础文化教育。例如，数学对会计的影响就是直接的，一般来说，数学是人类的思想体操，它对自然科学和社会科学研究都起着潜移默化的作用。但是，对于会计来说，数学又具有特殊的意义。这是因为会计学与数学有着天然的联系，会计学离不开数字和一定的计量单位。人类社会只要在进行生产、交换、分配和消费，就需要借助某种记录、计量的方法。无论采用哪一种记录、计量方法，都是数字或者是数学的表现形式。人类最初的丈量土地、测量容积、计算劳动时间、制造器皿、分配劳动果实、安排储备过冬食物、对外交换等活动，既需要计量、记录，也需要数学的表现方法。所以，可以说会计学与数学发源于人类的同一动机。如果离开数学的表现形式，会计的记录、计量行为就无法产生；同样，如果人类没有因为生产经营需要而进行记录和计量，也不会产生人类最初的数学行为。所以，我们可以看到人类最早的会计文献同时也是数学文献。例如，世界上第一部会计文献《算术、几何及比例概要》，既是一部会计专著，也是一部数学专著。因此，学习文化知识、加强基础教育、提高会计队伍的知识水平，对于会计工作水平的提高具有重要的意义。

在谈到教育对会计影响的时候，应该特别注意我们今天所处的时代是知识经济的时代，教育对于会计发展具有特殊的意义。提出知识经济概念的背景是今天发达国家要比历史上任何时候都更加依靠知识的生产、扩散和应用，计算机、生物工程、电子和航空等高技术产业已经成为所有产业中产出和就业增长最快的产业。

知识经济是经济合作发展组织（OECD）在《技术、生产率和工作的创造》报告中提出的，是指建立在知识和信息的生产、分配和使用上的经济。这种提法是与农业经济（资源经济）、工业经济相对应的。据OECD估计，目前其成员国的国内生产总值50%以上是以知识为基础的。这里我们所谈到的知识是指迄今为止人类所创造和拥有的所有知识，但是其中最为重要的是科学技术、管理科学和行为科学。

知识经济的主要特征如下：①产品制造模式转向知识密集型产品，如生物制品、计算机、飞机等。伴随而来的是灵活的工作组织，工作时间、工作场所和工作报酬方式都有较大的变化。②投资流向高技术商品和服务部门，特别是信息和电子通信部门，发达国家在这些方面投入的研究及开发费用已经达到国内生产总值的2.3%。③需求向服务业转移，教育、保健、咨询、娱乐行业发展迅速，同时服务业为制造业和消费提供了大量的需求。④服务活动全球化，随着通信能力的不断提高，特别是信息技术设备价格下降、计算机网络国际化、计算机芯片技术与光纤和数字化技术的发展，大大提高了知识和信息的传播速度。⑤软件开发的使用使许多知识都可以进行编码和商品化，大大提高人们使用知识的能力，虚拟现实可以创造出自然本身很少有机会产生的状态，提高了人们学习的机会和效率，打破了学习时间和空间上的限制，减少了学习的时间和成本。综上所述，知识的生产、学习、创新已经成为人类最重要的经济增长因素，世界经济的增长方式由此产生了根本性变化。在这样一个时代，知识取代劳动力已经成为最重要的经济增长因素。从上述这些特征来看，教育的作用是十分明显的。如果教育不能适应知识经济的要求，我们就可能再也找不到合格的会计专业的毕业生。

美国会计学者罗伯特·布卢姆在《会计鸿沟》一书中指出，20世纪初以来，在美国的会计教育界与会计实务界之间就一直存在着某种隔阂，会计教育界处于相对稳定的环境之中，而实务界则面对迅猛的社会经济变革；会计教育界所能提供的会计教育也由此而滞后于社会经济的发展，导致受教育者进入社会时在适应经济生活需要上存在缺陷。

在现代市场经济的条件下，教育已走向市场，会计专业的"产品"就是毕业生，作为"产品"生产者，会计教育工作者应该了解市场的需求。美国会计学会（AAA）与各大国际会计公司以及许多会计学者都曾对此做过调查，在许多调查结果中都提出会计专业学生应具备"创造性思维"，即对陌生状况且没有固定模式的问题具有判断和解决的能力。当今社会经济业务日趋复杂和多样，书本上通常介绍的都是正常情况下的会计处理方法，对于新的或极少出现的业务，老师不可能全部介绍给学生，"创造性思维"类似于我们所说的"职业判断能力"，培养学生的"创造性思维"实际上是培养学生具有解决问题的思路而不是给予唯一正确的答案。

美国会计学会于1989年成立了会计教育变革委员会（AECC），并陆续发布了一系列公告。《会计教育的目标》是AECC成立后发布的第一号公告。公告提出了会计高等教育应强调教学环节和课程设置，并且应特别重视如何在奖励机制上体现这一趋向。在如何界定和评价有效的会计教学这一问题上，AECC指出，评价有效教学的标准应包括表达技巧、准备课程相关资料的创意、教学方法设计、课程设置的合理性与创造性、教师的监督指导能力等。

在传统的会计课程设置中，税收、管理会计、财务管理、审计的教学彼此独立、互不联系。新的课程体系在设计时就注意了各门课程知识之间的联系，尽量使课程能够反映实践，形成完整体系。

传统的会计教学中往往只给学生提供一个"正确答案"、一套"标准"程序，使学生认为似乎会计工作是精确有序的，工作中的问题应该是容易解决的，但现实生活中的情况是错综复杂的，许多问题在教科书中都找不到现成答案。会计教学应使学生更多地了解会计实践的本来面目，更多地引入实际案例进行分析。

传统的会计教学课程很少注意培养学生的交流与合作能力，新的课程为学生提供了更多的沟通机会，设计了更多需要以小组为单位通过协作完成的作业，重在培养学生的合作精神和解决冲突的能力。在新的教学模式中增加了学生的参与机会，如讨论、表演等活动，使学生能够主动地学习。

在教学手段上，更多地运用环境教学、计算机模拟教学，有些大学应用计算机模拟实际的会计工作，还有些大学用计算机假设会计信息的使用者，用会计数据提供的信息做出经济决策。

在美国职业后续教育被认为是企业发展中具有战略意义的一件大事，从表面上看，它类似于我国的会计继续教育，但我国的继续教育由政府规定并组织实施，从内容到形式都比较单一。美国的会计职业后续教育通常由企业或行业协会组织实施，内容更切合实际、形式多样，最重要的，它是应对环境变化、提高会计从业人员素质的一种自觉行为。

基于对来自新经济挑战的认识，美国注册会计师职业团体、财务经理人协会、会计师事务所和许多著名企业都十分重视增强自己在新经济时代的竞争力，把提高组织内人员的素质作为增强竞争力的一项重要内容。尽管各组织对后续教育的具体要求有所不同，但都把提高从业人员的素质摆在重要的位置。

信息技术，尤其是互联网技术的发展对会计职业后续教育方式影响最大，它使传统的课堂教学方式的重要程度大大降低，更重要的是它使在岗培训成为一种可能。所谓在岗培训，是指工作人员不进行脱产的培训，将培训内容融入工作程序，使员工在完成正常工作的同时得到培训，或者利用业余时间自学，以便掌握岗位所需知识和技能。

互联网对教育方式影响的另一种表现便是知识共享系统的建立。知识共享是学习型组织的一个重要特点。这种知识共享系统主要包括两个方面的内容：经验分享与知识创新。所谓经验分享是指公司内部员工可以将自己特殊的经验发布在公司内部网上，世界各地的同行都可通过网络分享。知识创新则是指针对公司当前所共同面临的最具挑战性的问题举行网上讨论会。公司员工如果碰到不会处理的新问题时，也可将问题提交到网上讨论。通过这个讨论会，分散在世界任意一个角落的公司职员都可以得到解决方案。

受现代信息技术的影响，职业后续教育的培训方式发生了重大变化。

目前已至少出现以下几种培训方式：课堂培训、在岗培训、在线课程、远程教育和自学课程等。尽管面临信息技术支持的网络教育形式的冲击，但传统的教室授课仍不可替代。面对面的交流更能使人感到亲切自然、易于接受。许多新思想、新知识都是在人们的相互讨论甚至争论过程中产生的。目前比较普遍的一种做法是在课前将课程知识部分借助网络系统传播给学员，课堂教育则以学员之间的相互讨论和交流为主，传统的灌输式教学方式受到了严峻的挑战。

在美国的会计职业教育中，许多课程的开发都是由大的会计公司、企业与大学共同完成的，在课程设计、教学组织等方面，学校与企业发挥各自的特长，通过协作完成职业教育计划。由于美国出现的会计学习"退潮"、会计职业变冷门的现象，我国也正在或即将经历，因此必须加强教育界与职业界的合作，改进会计教学，采用新的职业教育内容和形式，以适应社会生产力发展水平对会计教育的要求。

第三章 现代会计的目标分析

学术界普遍认为,直到1973年美国注册会计师协会(AICPA)下属的特鲁布拉特委员会的《财务报表的目标》发表之前,现代财务会计的理论结构还未基本形成。特鲁布拉特委员会的这份研究报告构成了美国财务会计准则委员会(FASB)所发布的第1号和第2号财务会计概念公告的主要内容。而FASB自1978年11月至1985年12月发布的总共6辑的《财务会计概念公告》构成了现代财务会计理论结构的主要框架。第1号财务会计概念公告的名称正是"企业编制财务报告的目标"。在财务会计概念框架中,基本会计目标是最高层次的会计"概念"或理论要素,引导诸如会计信息质量、会计假设和会计原则等其他诸多重要会计概念。由此可以发现,自从人们努力建立会计理论体系以来,关于会计目标的讨论和研究就始终相伴其中,后来逐渐成为会计理论研究的首要问题。但是,尽管经过了漫长的讨论和研究过程,关于"会计目标是什么?"这一基本问题至今仍然没有一个公认的、完整的答案。

第一节 现代会计目标的演进

一、术语表达阶段

实质意义上的现代会计理论研究和美国会计规范的实质性进程有较强的对应关系。美国会计规范的实质性进程又以其主要职业团体(如FASB等)制定会计原则的工作进程为代表。美国最早的职业团体是会计程序委员会(CAP),致力于从当时众多的会计惯例中确认和描述"最佳"惯例。但它只是对已有会计惯例进行归纳与总结,并没有进行任何创新性的工作,比如合乎逻辑的解释,因此提出了数量过多的会计惯例,但又无法规范地使用。对应于此,这时的会计理论研究也处于零打碎敲的阶段,表现为许多会计概念晦涩难懂且自成一体,相互之间缺乏逻辑的一致性。会计目标概念的描述也是如此。早期的会计目标侧重于根据具体的实现和配比原则来计算并列报净收益,即关心财务数据的收集程序和财务报表的格式。会计程序即收集凭证、复式记账、试算平衡和列报,以及配比规则、历史成本计量、收入、净收益、列报格式等都是一些会计人员创造并熟练使用的术语。采用会计术语来描述会计目标的代表性观点是,第1号会计名词公报将会计定义为"以一种特别的方式和以货币单位来记录、分类和汇总至少部分具有财务性质的交易和事项并解释其结果的艺术"。从这个定义可以推知会计目标是"记录、分类、汇总交易和事项并解释其结果"。但是，记录、分类、汇总、交易、事项等都是一些只有会计专业人士才心知肚明的专业术语，很难将其系统化和通俗化，只能强调它是"以一种特别的方式解释其结果的艺术"。当然，用会计术语来表达会计目标，确实能在一定程度上解释和预测真实世界的现象，比如人们可以据此知道会计有目的地"以一种特别的方式"做某些事情，但是还不能完全揭示会计概念应有的学科属性（比如经济学属性）和达到在实务界的公认性，即不能实现这一概念在理论逻辑性和实践操作性方面的完美结合。

二、语义方法阶段

语义方法是一种理论构建方法，强调将所阐述的概念和某种有效的规则紧密联系起来，以使概念及其所属的理论真实和具有意义。比如，在报表项目中使用现金术语就符合语义方法，因为人们可以很容易地将财务报表中的现金信息与现实生活中的现金概念联系起来，从而理解报表中关于现金的信息。但是，递延借项等术语就做不到这一点。鉴于有些会计术语过于简略和自成一体，难以联系易于理解的概念或者演绎其他概念，更难以因此而形成一个理论框架，理论界（主要是会计职业团体）逐渐开始使用经济学理论来定义会计概念并形成会计理论框架。典型的例子是，美国会计原则委员会（APB）在其第4号委员会公告中将列报财务报表的总体目标界定为提供有关企业经济资源和责任（或义务）的可靠财务信息。相应地，在其另一种代表性成果发表方式《会计研究论文集》的第1辑《会计的基本假设》中，美国会计原则委员会将会计目标的具体内容阐述如下：

（1）计量特定企业主体的资源；
（2）反映特定企业主体的责任（或义务）和权益；
（3）计量特定企业主体资源、责任（或义务）和权益的变动情况；
（4）在特定期间内分配因变动产生的影响；
（5）以货币作为一个通用计量单位来预测该主体将来的状况。

采用语义方法来定义会计目标兼顾了这一概念的理论逻辑性和实践操作性。其中，保持理论逻辑性是指上述定义中使用了主体、资源、责任（或义务）、变动、货币单位和预测等经济学理论中常用的术语，而经济学对这些术语的使用已经有一个符合逻辑的系统，至少经济学理论比会计学理论发展更为成熟，可以作为创建后者的基础。保持实践操作性是指上述定义中也体现了会计的特色，比如计量、反映、分配、财务信息等较为成熟且实务界（含非专业人士）广泛接受的会计术语，甚至可以引申为资产负债表（见上述第（1）、第（2）点内容）和利润表（见上述第（3）、第（4）点内容）等会计特有的范畴。不过，用语义方法定义会计目标比用会计术语描述会计目标似乎更侧重于加强定义的理论性——比如在后续的概念（如会计要素）等定义中依然要合乎逻辑地使用这些术语和这些术语在会计目标中的表达方式及内容，但是可能同时损害了这一定义的实践操作性——至少没有太多改进，比如能够合理反映资源、责任或权益状况所应包括的项目、应选择的计量方法以及特定期间等方面都是难以清晰表达的和难以达成共识的，甚至不如术语表达阶段的"特定方式"和"艺术"一词来得干脆。这是理论发展中常见的"扬弃"现象，保留合理因素而改进不足。事实上，增强一个概念表述的理论性不可能完全摒弃先前的感性认识。

三、行为方法阶段

美国会计原则委员会一直在努力将理论逻辑性和实践操作性完美结合，并树立理论框架对发展会计原则的权威性。但是，实践操作性在会计概念中的强势地位使这种努力难以善终。在1962年的"投资税收抵免"事件中，会计原则委员会一开始坚持使用递延法，后来向实务界妥协，允许采用包括直接冲销法在内的多种选择方法。这一事件及后续事态的发展，使会计原则委员会对会计原则的研究（从目标到原则）又回到了它原来曾想改革的起点（从惯例到原则），最终迫使会计原则委员会解散。

美国会计原则委员会的继任者美国财务会计准则委员会总结了前者的经验和教训，它虽然不否定采用语义方法来界定会计目标，并以此来引导公认会计原则，但是却把重心转移到了会计的行为方法之上。可见，上述会计目标概念发展过程中的"扬弃"现象一直在继续着。然而，不同于FAPB侧重会计目标概念的理论性，FASB在继承了这种理论性之后，重新又加强了会计目标概念的实践性——这似乎是术语表达阶段的螺旋上升。

在FASB发布的第1辑《财务会计概念公告——企业编制财务报告的目标》中，会计目标被概括如下：

（1）编制财务报告应为现在和潜在的投资者、信贷者以及其他用户提供有用的信息，以便他们做出合理的投资、信贷和类似的决策。对于那些对企业和经济活动有一定程度的了解，又愿意花费适当精力去研究信息的用户而言，这些信息应当是可以理解的。

（2）编制财务报告应为现在和潜在的投资者、信贷者以及其他用户提供信息。所提供的这些信息要有助于他们对以下各种期望的现金收入来源：股利或利息、出售或赎买证券所得、到期证券或借款的清偿等，估计其金额、发生时间和可能性。因为投资者、信贷者以及其他用户的现金流量与企业的现金流量有关，所以编制财务报告还应当提供信息以帮助投资者、信贷者以及其他用户去预测有关企业期望的净现金流入的金额、发生时间和可能性。

（3）编制财务报告应提供以下信息。关于企业经济资财、这些资财上的权利（企业向其他个体交付这些资财所拥有的债权或业主权益），以及引起资财和资财上权利变动的各种交易、事项和情况的影响。

这些会计目标在该公告的后文中得到了更为详细的说明。这些详细的说明与其说是界定了抽象的会计目标，倒不如说是规定了具体的会计行为。具体的行为规定总的来说要比抽象的"语义"阐释更具有可操作性，也更便于通俗地理解。

但是，FASB注重会计目标概念中实践操作性的做法也没有获得期望中的普遍认同，理由如下：

第一，这个目标概念没有多少新意，不过是对分属术语表达阶段和语义方法阶段两个提法的有意撮合，虽有发展但无创新。

第二，这个目标概念和由其引导的会计原则之间仍然存在较大的距离，FASB的努力没有达到预期的效果。

第三，暗示会计信息应具有预测价值，加大了会计功能的负担，因为传统的观点认为会计的作用是非预测的。

第四，最重要的一点是，FASB定义的用户集团偏向于股东、潜在投资者和信贷者等外部用户，特别是那些缺乏权力、普遍化的资本市场投资者。这一是有悖于另一种广为流行的观点，即认为企业管理当局或雇员及社会公众应该是主要的用户集团；二是不符合关于有效市场假说的验证结论，即认为证券市场的价格是由老练的投资者行动来确立的，特别是向一般投资者提供的信息只会让那些得到内部信息的人获取非正常报酬，因此，信息提供应该完全普遍化。

四、有限的争议阶段

FASB定义的会计目标尽管遭受了上述多种批评，但是仍然作为一种主流观点沿用至今，并且为国际会计准则委员会（IASC）及后来的国际会计准则理事会（IASB）和许多国家的会计准则研究或制定机构所效仿。FASB的定义为会计目标概念界定了一个基调：会计应是一个服务于用户的信息系统。事实上，自从现代会计理论研究先驱威廉·佩顿（William Paton）在1922年提出"会计应服务于用户"这一观点以来，这个基调走过了整整半个世纪才终于确定下来。在FASB提出这个概念的时代（20世纪70—80年代），围绕着"会计应向哪个用户服务"这一焦点问题（后续的问题是"提供什么样的信息"，因为不同的用户要求不同的信息或者对象相同但质量不同的信息）逐渐形成了两个学派：受托责任论学派和决策有用论学派。30年来，两个学派之间的争议一直没有停息过。但是，之所以将其称为"有限的争议"，是因为下面几点：

（1）争议并不涉及基调的更改，比如将会计重新定义为一种艺术或者其他非信息系统之类的事物。

（2）争议并不妨碍以具体会计准则为代表的公认会计原则的颁布与强制执行。执行代表一方观点（主要是决策有用论）的会计准则也没有导致类似于1929年大崩溃那样需要由会计规范（会计目标与会计原则）来担负巨大责任的灾难性事件。2001年华尔街丑闻的主要责任归于无良经营者对会计规范的滥用及其与审计师的合谋，而2008年开始的金融危机则主要归咎于美国的经济政策不当。

（3）理论界和准则制定团体都在竭力调和争议涉及的矛盾之处，都本着务实的态度在具体准则的层面进行修补，力争产出成果而尽可能搁置争议。

关于两个学派争议的具体讨论以及相关调和的努力，将在下面详细阐述。

第二节　两大学派的会计目标

一、受托责任论

（一）基本观点

受托责任论学派认为，"会计不仅要为因资源的让渡而形成的委托代理会计关系提供信息，还要为因权利的转授而形成的委托代理关系提供信息。"基于此，会计目标可以表述为：以恰当的方式或尽可能准确的方式，如实地反映和报告经济资源受托者的受托经济责任及其履行情况。有学者甚至进一步将受托责任确定为财务会计产生和发生的动因、会计本质和会计目标，并将受托责任视为受托方和委托方的利益冲突和"纳什均衡"的一对矛盾体。受托责任论的核心思想是受托方应对委托方所界定的受托责任履行情况加以反映和报告，反映的方式应如实、恰当或准确，报告的内容是受托责任的履行情况。这些受托责任包括"因宪法、法律、合同、组织的规则、风俗习惯，甚至口头合同而产生的一个公司对其股东、债权人、雇员、客户、政府或有关联的公众承担的受托责任"，以及"公司内部下级对上级应承担的受托责任"。

受托责任论强调充分解释资源受托责任履行情况的会计信息应具有可靠性和客观性。从会计确认方面来看，受托责任论认为，会计人员在会计上应确认实际已发生的经济事项；从会计计量方面来看，受托责任论认为，会计报表应反映企业资源的保值与增值。由于历史成本具有客观性和可验证性，坚持采用历史成本计量模式以有效反映受托责任的履行情况。从会计报表方面来看，会计信息使用者主要是企业资源的委托者，且其最关心的是经营业绩，因此，受托责任论认为会计报表应该整体有效，而收益表的编制则显得尤为重要。

（二）受托责任论的弊端

（1）受托方界定不清。根据前述受托责任论的主要观点，可以推断受托责任的受托方应指"一个公司"或者公司内部的所谓"下级"。但是，按照信息经济学的代理理论，受托方应是拥有关于企业价值信息优势的一方，并非企业本身。这是因为，在受托责任产生及履行的过程中，会产生各种不同的契约，此时同一责任就会被层层下放代理或者被横向分散代理。比如在股票发行交易中，受托方是控股股东的董事会成员；在经理雇佣合同中，董事会是委托方，而受托方是经理人员；在股票上市后的交易中，经理等高层管理人员和董事会、监事会的成员甚至公司雇员都变成了受托方。

委托代理层次越多，就越容易导致特定受托方混淆次级或本级受托责任与上级或终极委托责任之间的界限，同时也越难避免逆向选择和道德风险现象的发生——在信息不对称的情况下，受托方也可能出于自身的利益而故意混淆在代理关系中的位置。

受托方界定不清可以很好地解释现实中一个常见的操作性问题：会计人员双重身份的问题，即会计人员既要代表所有者，又要代表经营者，最终无所适从，或者在会计舞弊案件中与经营者之间的相互推诿。

总之，在受托方界定不清的情况下，"如实地反映受托责任"的会计目标可能会因为缺乏切实的执行者而陷入困境。

（2）报告责任履行情况的判断标准有失公允。如前所述，要使受托责任论有效，其前提是委托方、受托方及相互之间的委托受托责任界定清晰，其中的载体是一个企业或一个经济组织。一般而言，受托责任关系载体规模越小、边界越窄且涉及的关系人越单纯，那么受托责任界定就越简单，也越清晰。只有在受托责任清晰的情况下，报告受托责任的产生及履行情况才是有效的，相应地受托责任论的会计目标才是有效的。但是，越清晰的受托责任关系越具有独特性。把相互之间具体关系特征（比如时间、地域和关系人的个性等）差异性很大的各种受托责任关系纳入一个社会或者一个市场中，很难形成一个用于界定受托责任关系的统一标准，进而也就很难形成一个判断责任履行情况是否恰当的统一标准。也就是说，受托责任论的会计目标很难形成"公认的"会计原则——这又违背了会计目标研究的初衷。

当然，如果会计行为本来就不可能存在规范标准或者没有必要制造规范标准，那么会计目标的研究就可以到此为止了。问题是现代会计发展至今，已经到了非有会计规范标准不可的地步：一是绝大多数国家都自愿或者被迫实行了市场化经济改革，而市场经济必须规范标准；二是为了满足广泛国际交流的需要，规范标准是其中应有的桥梁。因此，接下来要讨论的是受托责任论下会计规范的运行成本（含制定成本、执行成本和监督成本）及其公允性的问题。有学者运用现代博弈理论解释了这个问题，认为委托方（所有者、债权人等）和受托方（经营者）是博弈的双方，各自为了自身的利益而进行博弈，当博弈达到均衡（现实中的成本效益均衡状态一般是"纳什均衡"）时，会计规范便形成了。但是，这个答案还是没有解决一个技术问题，那就是到底有多少对受托责任关系"组合"（每一对"组合"包括至少一个委托方和一个受托方）参加了这场博弈？或者相互之间具体关系特征差异性很大的各对"组合"能否真正走到一起进行博弈？如果很难走到一起，那么运行成本就很大；如果走到一起的人太少，那么公允性就很低。

需要指出的是，受托责任论的发展和中国的经验有些吻合。这可能也是许多中国学者偏好受托责任论的原因之一。中国传统上的中央政府强势地位理论使得它可以出面召集所有的受托责任关系"组合"走到一起进行博弈，并且可以作为委托方的集中代表参与其中，因为对国有企业而言，国家既是所有者又是债权人（通过国有商业银行向其贷款），同时还是雇员、社会公众等其他利益相关者的集中代言人。有强势政府的组织与参与，上述博弈过程变得比较简单，可以很快达到"纳什均衡"状态，此时称为"会计制度"的会计规范出现了。但是，这样的会计规范运行至少会出现以下两个问题：

第一，制定成本低，但执行成本与监督成本高。这是因为受托责任论在表面上是否认受托方利益的——受托方唯有履行责任的"责任"，却无法防止道德风险和逆向选择现象的发生，因此需要强制执行与加强监督。这个问题同样解释了中国会计规范为何在短短30年内走过了"制度—准则—制度—准则"的不寻常之路。

第二，国际协调难度大。由于世界各国的政治、经济、文化等会计环境存在差异，受托责任关系及其博弈方式必然千差万别，因此而形成的会计规范也必然相貌各异。国际协调不是没有可能，而是确有难度。这个问题从反面论证了会计目标研究的重要性——如果会计目标天下大同，那么相应的会计原则就不会相差甚远。

总之，由于现实世界中的受托责任关系高度复杂，根据受托责任论做出的报告责任履行情况的判断标准（会计原则）就很难避免公允性的丧失。

退一步讲，即使上述"表面的"（形式上的）公允性因为会计规范的绝对权威性而能够得到保证，即各受托方愿意认真地按照既定的会计原则报告受托责任的履行情况，其"内在的"（实质性的）公允性也未必能够实现，即受托责任论下的会计原则不能完全"恰当地"如实反映受托责任的履行情况，其理由有二：一是受托责任论面向过去，即受托责任的履行及报告必须以受托责任的存在为前提，因此历史成本计量模式成为有效反映受托责任履行情况的常规选择，但众所周知，历史成本无法应对物价变动导致的受托责任变动条件下的履行情况；二是受托责任的期间性导致收入与费用分配行为的短期化，以粉饰短期的利润表。

特别是在一种极端情况下，所有者和经营者合一（事实上这是现代社会普遍存在的一种情况），委托者就是受托者，委托受托责任关系根本就不存在，自己向自己负责，此时关于报告受托责任履行情况的"公允性"说到底就是一种空谈。

二、决策有用论

（一）基本观点

决策有用论学派认为，财务报表的目的是向信息使用者提供对他们的决策有用的信息。当不区分财务报表目标、财务报告目标、财务会计目标、会计目标这四个概念，并且明确信息使用者主要是资本市场中的投资者及潜在投资者时，可将决策有用论的会计目标表述如下：应该为投资者及其他用户提供信息以助他们做出正确的决策。决策有用论也以资本所有权和经营权的两权分离为前提，但这种两权分离较之受托责任论的两权分离有所区别，即主要以资本市场为媒介。在这种环境下，投资者（尤指股权投资者）虽仍然参考受托责任的履行情况，但同时关心资本市场的平均风险与报酬及所投资企业的可能风险与报酬。而潜在投资者因为还没有和企业建立起既定的委托受托关系，所以只关心后者。此时，会计的任务是既要反映有关受托责任履行的信息，对要反映对投资者进行投资决策有用的信息。按照决策有用论的观点，会计所提供决策有用信息的内容和方法还受到两个与资本市场密切相关假设的影响：有效市场假说和投资理性假设。这两个假设认为，证券价格能够充分反映投资者从资本市场获得的所有已知信息，而资本市场能够透视会计主体对会计政策的选择，会计政策选择不影响证券价格，投资者可以根据证券市场价格做出理性的决策。因此，管理当局不必关心会计政策的选择，而应该采用充分披露的原则，如储备确认会计、现行价值会计、公允价值会计、管理当局讨论分析书、盈利预测等，使股票价格能够反映企业的真实价值。

决策有用论强调有助于投资者正确决策的会计信息应具有相关性和有用性。从会计确认方面来看，决策有用论认为会计人员在会计上不仅应确认实际已发生的经济事项，还应确认那些尚未发生但即将发生且已对企业产生影响的经济事项，尽可能满足信息使用者的决策需要；从会计计量方面来看，决策有用论认为会计报表应反映企业财务状况和经营成果的动态变化，在主张以历史成本为主要计量属性的基础上，鼓励采用公允价值等面向现在或未来的计量属性，以提高信息的决策相关性；从会计报表方面来看，会计信息使用者主要是投资者及潜在的投资者，他们关注所有与其决策相关的信息，因此决策有用论认为，应对所有财务报表一视同仁，而财务报表应充分披露相关信息。

（二）思想渊源

决策有用论是典型的具有美国特色的会计目标理论。从美国会计规范的演进中可以找到决策有用论的形成线索。

美国会计规范源于19世纪中后期"西进运动"（类似于中国的"西部大开发"政策）开始后铁路工业的飞速发展。股份有限公司这种企业组织形式适应了铁路工业需要大量资本的特点。为了保护那些把铁路股票作为永久性投资的普通公民免受铁路公司活动所带来的损失，1906年，赫普本法授权洲际商务委员会建立统一会计制度，用以确立恰当的铁路费率。随着铁路、石油行业垄断问题的泛滥及反托拉斯法的出台，1913年美国联邦储备委员会成立并首次建立了由政府控制的中央银行系统之后，1914年联邦贸易委员会组建。1917年，出于银行家对信贷的需要及联邦贸易委员会提出标准化财务报表的要求，美联储印发了被称为《统一会计》的小手册。至1929年，经由该手册两次修改而来的《财务报表的验证》成为1933年以后在纽约证券交易所上市公司财务报表审计的官方标准。

1930年9月，针对1929年大崩溃，纽交所股票上市委员会的执行助理（J.M.B.Hoxsey）在美国会计师协会（NAA）全国代表大会前夕的一次讲演中强烈批评会计实务中所缺乏的统一性，以及非充分披露的做法，最后他请求会计人员应向股东提供恰当的、可理解的信息，避免提供误导股东的信息，以帮助股东做出正确的投资决策。受该讲演的触动，以及1934年证券交易委员会（SEC）的设立并运转，NAA在1936年成立了会计程序委员会（CAP），以追求让股东和职业界双方满意的"公认"会计原则。但由于其消极做法，

CAP 在 1959 年被美国注册会计师协会（AICPA）设立的会计原则委员会（APB）所取代。如前文所述，APB 致力于从会计（目标）理论出发来演绎公认会计原则，其认为：将列报财务报表的总体目标界定为提供有关企业经济资源和责任（或义务）的可靠财务信息。这是一个受托责任论和决策有用论两者兼而有之的目标提法。由于 APB 逐渐迁就于会计职业界的意见，所以尽管它所推荐的会计程序和方法（会计原则）产生了一定程度的统一性的客观效果，但是却偏离了从理论框架上考虑会计原则制定的初衷，最终失去了其权威性，进而失去了 SEC 对它的信任。

与此同时，由会计学教授组成的美国会计学会（AAA）也在积极行动，力图从理论研究出发参与会计准则（代替"原则"的新术语）的制定。1966 年，AAA 发表了《基本会计理论说明》，初步提出了将会计信息使用者、会计信息的用途和会计信息的质量和经济决策联系起来的会计目标思想。该说明所持的起点是"确认、计量和传输经济信息的程序应当满足信息用户进行充分的判断和决策的需要"。而其中，会计的第一项具体目标被描述成：为了"做出关于利用有限资源的决策，包括确定重要的决策领域以及确定目的和目标而提供有关的信息"。该说明开了"以用户为导向"来构建会计理论的先河，至今仍主导着会计准则的制定。AAA 的这一行动最终促成了由 AICPA 主导的财务会计准则委员会（FASB）的成立，但其中吸纳了学术界的成员。由此，结束了由会计职业界统治会计规范制定的历史。FASB 吸取了前几届会计职业团体专门委员会的经验教训，左右逢源，所发布的《财务会计准则公告》构成了今天美国公认会计原则的主体，并被国际广泛借鉴。一般认为，FASB 的成功取决于它所构建的会计理论框架，这一理论框架是以《财务会计概念公告》为基础的。在这个概念框架中的首要概念就是"会计目标"——它被 FASB 按照决策有用论的"真谛"所描述。鉴于 FASB 和 SEC 之间的关系，不难理解 FASB 为什么把投资者尤其是潜在的投资者作为会计信息的首要用户，也不难理解这类首要用户对会计信息质量特征的要求——将受托责任论对面向过去（受托责任形成之后）信息的关注，改变成对面向过去、现在和未来全方位信息的关注。

（三）决策有用论的缺陷

虽然"决策有用"的概念和会计活动之间有着上述高度密切的历史联系，但是采用决策有用论作为解释会计目标含义的理论，却仍然不能达到人们对"理论"层次的逻辑严密的要求。一是因为"决策有用"概念本身是美国会计界根据美国经验形成的"一家之言"，不具有普适性，人们甚至可以像质疑美国价值观那样质疑这个概念；二是因为将抽象的理论概念转化为具体的会计行为本来就存在技术障碍。对应于对受托责任论的评述，一般而言，按照决策有用论的词语结构三要素——决策者（用户集团）、信息提供者（会计主体）、所提供信息及其提供过程，可将决策有用论的缺陷归纳为以下几点：

（1）用户集团界定偏颇。以 FASB 的表述为据，决策有用论将会计信息的用户集团界定为"现在和潜在的投资者、信贷者以及其他用户"，并且会计信息的作用是帮助这些用户集团"做出合理的投资、信贷和类似的决策",暗示这些用户集团是以"做决策"为要务的。但是,现实中有许多用户使用会计信息并不是为了决策所用,比如税务部门使用会计信息是为了合理征税;没有投资意向而只关注社会公正或者环境问题的社会公众使用会计信息是为了合理评价。

即使是那些以"做决策"为要务的用户集团,也未必会使用会计信息来做决策。受信息使用的成本效益原则所限,也受投资者的会计、财务和投资知识所限,只有机构投资者(老练的投资者)才有条件进行理性投资决策,大量散户投资者("幼稚"的投资者)没有条件进行理性投资决策,其一般采用"自由跟庄"原则。但"自由跟庄"存在信息时滞问题,容易导致机构投资者获取超额利润即非正常报酬,而散户投资者遭受损失、决策失败。这至少表明,会计信息只对少数人有用,有负会计力图实现市场公正的历史使命。

对使用会计信息进行理性决策的投资者而言,在有效市场假说不成立的情况下,也可能因为证券价格不能充分反映所有已知信息而决策失败,或者说即使决策成功也未必全部是会计信息的功劳。因此,在有效市场假说和投资理性假设不完全成立的情况下,会计向那些不一定能够使用会计信息进行有效决策的用户集团"充分披露"自认为对决策有用的信息,未免有些自作多情。

当然,事实上,除了投资者,决策有用论界定的用户集团还包括信贷者以及其他用户,上述批评不足以说明决策有用论的不足。但是,每个用户的决策却是千差万别,在一个系统中提供对所有用户"决策有用"的信息,实属不易。其困难程度甚至超过了对受托责任论的信息提供,虽然统一整个市场上的受托责任关系也非常困难,但就信息提供者(会计主体)而言,对付受托责任论下的委托方要比对付决策有用论下的用户集团容易得多,这主要是因为委托方的委托责任是面向过去的、确定的,而用户集团的决策是面向未来的、不确定的。总之,决策有用论对用户集团的界定有些偏颇。

(2)增加会计主体的盈余管理倾向。根据上述对受托责任论的分析可知,在委托受托责任明确的情况下,依然可能出现因为道德风险等问题导致反映受托责任的信息失真现象。决策有用论却进一步淡化了用户集团与信息提供者之间的受托责任关系(潜在投资者则根本没有形成与会计主体之间的受托责任关系),使之变成了一种需要第三方即资本市场管理机构自始至终进行监督的类似商业行为,类似商业行为存在成本效益的权衡问题。因此,较之受托责任论,决策有用论下信息失真现象更甚。不过,此时可以美其名曰"盈余管理"——这也是决策有用论下存在大量关于盈余管理合法性及其手段研究的原因之一。

盈余管理是指管理当局利用会计政策选择调整公司盈利指标以增强公司市场流动性的行为。大量实证研究表明,设有以盈利指标为基础进行分红计划的公司、签订了有限制性条款的债务契约并可能违约的公司、有可能发生政治成本的公司、有节税或可能获得关税保护的公司,以及准备上市、增发股票、可能退市、可能复市的公司,都有较大概率发生盈余管理行为。

但是，决策有用论认为，管理当局应该关心会计政策的选择，或者会计政策选择的空间越小越好，以便投资者进行横向与纵向比较并据以做出正确的决策。因此，增加管理当局的盈余管理倾向，对"决策有用"的目标而言无疑是一个讽刺。此中矛盾，值得进一步研究。

（3）信息是否对决策有用的判断标准有失权威。前已述及，受托责任论下的判断标准（会计原则、会计准则或会计规范）似乎权威性有余而公允性不足。相对应的是，决策有用论下的判断标准却似乎公允性有余而权威性不足。出现这种情况的原因有二：一是会计准则制定的"民主化"过程；二是会计信息面向未来的性质。

决策有用论的现实代表FASB是一个为证券交易委员会、会计职业界及学术界等多方承认的民间专业机构。它的建立及其委员会的任命由一个叫作"财务会计基金会"（FAF）的机构负责。财务会计基金会独立于其他机构，其理事来自包括会计职业界、会计学术界、证券投资职业界及证券投资行业、财务经理职业界和各种政府会计组织的各个赞助单位。除任命FASB的委员之外，FAF还任命财务会计准则咨询委员会的成员，这些成员不再要求一定是会计人员。由此可见，FASB在机构设置方面强调独立性和广泛的代表性，目的是使其制定的会计准则具有客观性和中立性。这当然符合美国所谓的"民主传统"，然而，这些民间利益集团无一例外地想通过控制会计准则的制定来达到影响联邦政府和公众的目的。因此，FASB被认为是个半独立的组织，在其实际运作过程中仍然难以根据自己的意愿（比如从统一的财务会计概念框架出发）来制定真正符合公众利益的会计准则。只不过由于组织形式上及会计准则制定程序上的改进，到目前为止，FASB避免了像其前任那样遭受猛烈的批评以至覆灭的命运。FASB通过发布更多的会计准则及其相关公告，来实现在这种半独立状态下的平衡。但所谓"言多必失"，太多的准则必然难以顾及前后的逻辑联系——这几乎重蹈了CAP和APB的覆辙。因此，这种做法反而降低了准则的权威性。美国工商业界形容这种情形是"准则超载"或"会计消化不良症"。

决策有用论下的会计信息，特别是对潜在投资者决策有用的信息，主要是面向未来的。这些面向未来的信息中，有些是诸如非专利技术、投资决策、公司战略、产品成本等与企业自身利益或商业秘密有关的信息，有些是诸如待决诉讼、未决仲裁等或有事项的信息，还有些是诸如公允价值会计等需要采用争议性非常大的技术计量的信息。虽然恰恰是这些信息最具有"决策有用性"，但是如果非要按照决策有用论要求的充分披露原则进行披露，那么很有可能加大会计主体（信息提供者）和相关审计主体因为泄密或者不确定性导致的法律责任。如此，又可能导致作为保护措施的谨慎性原则的滥用。这些反过来又会损害会计准则的权威性。

进一步讲，即使提供的会计信息有足够的证据表明是"决策有用的"，也有可能因为提供过程的"信号传递效应"（市场不完全有效的另一个表现）产生"过度反应"或"反应不足"等现象，减少了会计信息最终的决策有用性，间接地损害了决策有用论下会计准则的权威性。

近年来，在会计准则国际趋同的过程中，FASB对国际会计准则理事会及其他各国会计准则指定机构的灵活态度，也在一定程度上表明了决策有用论下会计准则的不足。当然，受托责任论下的会计准则也存在国际协调的困难。但两种"协调困难"的性质是不一样的。决策有用论下会计准则权威性的不足，虽然满足了美国人"爱打官司的脾气"，却不符合有些国家习惯于权威规范的文化心理。

三、两大学派的调和

通俗地讲，会计目标理论主要解决两个问题：一是会计工作为谁服务；二是这种服务达到什么要求，即提供什么样的信息。如前文所述，受托责任论学派与决策有用论学派对这两个问题都有明确的回答，且各有实务方面的证据。虽然两大学派的答案各有千秋，但是两者之间还是有以下三个方面的相同之处：第一，都强调对外提供信息；第二，都以两权分离和受托经济责任的产生为前提条件，立论基础都是基于所有权与经营权的分离，如果是两权合一，则没有报告的义务；第三，报告的主要内容相同，即都是报告关于资产负债及所有者权益情况、收入费用利润情况及资金流入流出情况的信息。在两大学派都不能完全取代对方而单独存在的时候，这些相同之处成为两大学派相互融合的基础。

近20年来，会计界为会计目标概念及提法的统一化做出了不懈的努力。其努力的方向便是促进两大学派的融合。总结起来，调和的手段有以下四种：

1. 措辞层面的调和

这种调和是最简单的一种做法，它虽然难以触及实质，但至少表明了一种认为两大学派各有所长且希望两者融合的态度，以国际会计准则理事会（IASB）的《编报财务报表的框架》为例，它将财务报表的目标（会计目标）阐述为以下三点：

第一，财务报表的目标，是提供在经济决策中有助于一系列使用者的关于财务状况、经营成果和财务状况变动的信息。

第二，为此目的编制的财务报表，能够满足大多数使用者的共同需求。不过，财务报表并不能提供给使用者为了经济决策所需的全部信息，因为财务报表主要是描绘过去事件的财务影响，而且不一定提供非财务信息。

第三，财务报表还反映了管理层对交托给它的资源的经管成果或受托责任。使用者之所以评估管理层的受托责任或经管责任，是为了做出经济决策。例如，是持有还是出售其对主体的投资、是续聘还是调换管理者。

可见，IASB是用决策有用论的"形式"表述了受托责任论的"内容"。之所以可以这样描述，是因为IASB认为评价受托责任也是一种经济决策，或者决策有用论包含了受托责任论，但又强调会计信息的决策有用性是有限的，"因为财务报表主要是描绘过去事件的财务影响，而且不一定提供非财务信息"——这一点更像是受托责任论的特点。

中国财政部会计司发布的《企业会计准则——基本准则》和FASB的《财务会计概念

公告》，将财务报告的目标（也是会计目标）界定为：向财务报告使用者提供与企业财务状况、经营成果和现金流量等有关的会计信息，反映企业管理层受托责任履行情况，有助于财务报告使用者做出经济决策。

财务报告使用者主要包括投资者、债权人、政府及其有关部门和社会公众等，满足投资者的信息需要是企业财务报告编制的首要出发点。

由此可见，中国财政部会计司界定的会计目标是受托责任论，但又提出了"反映企业管理层受托责任的履行情况，有助于财务报告使用者做出经济决策"。这似乎暗示了受托责任论是从属于决策有用论的，但又强调受托责任论是第一位的。

事实上，FASB 按照决策有用论界定的会计目标，也包含了受托责任论的一些观点："编制财务报告应提供以下信息：关于企业经济资财，这些资财上的权利（企业向其他个体交付这些资财所拥有的债权或业主权益），以及引起资财和资财上权利变动的各种交易、事项和情况的影响。"不过，显然 FASB 认为决策有用论是第一位的。综上所述，可以认为，任何一个会计目标概念的提法都包含两个学派的思想，只是在孰先孰后的顺序上有所差异。

2. 联合趋同框架层面的调和

如果说上述措辞层面的调和仅仅是思想上努力的话，那么联合趋同框架层面的调和却很有可能导致实际行动，因为联合趋同框架影响到各个国家会计准则的制定。

IASB 与 FASB 于 2006 年 7 月 6 日发布了联合趋同框架（初步意见），因为 IASB 和 FASB 都决定在改进各自现有概念框架（Concept Framework，CF）的基础上，联合致力于制定一份完整的、内在一致的趋同概念框架，并取代各自目前的 CF。

联合趋同框架（初步意见）又称财务报告的概念框架，因为是两个委员会合作的初步研究成果，所以仅包括财务报告目标（含对会计信息使用者的定位）和信息质量特征两部分内容，但这两部分内容却是概念框架中最重要的内容。概念框架中其他诸如要素设置、要素定义及其确认计量的原则程序等概念均需由这两个首要概念来引导。

联合概念框架中的财务报告目标被定义为：提供有助于现在的和潜在的投资者、债权人及其他信息使用者进行投资、信贷和类似资源配置决策的信息。联合概念框架还认为，财务报告的信息可能有助于那些希望估计主体价值的使用者对主体价值进行估计。从这一点来看，联合框架定义的财务报告目标接近 FASB 的观点，即决策有用性。但同时联合框架还认为，决策有用性包含了受托责任观，因为"类似资源配置决策的信息"包含了那些评价管理当局履行经管责任的信息。而 IASB 的观点早就认为评价受托责任也是为了经济决策，即受托责任观从属于决策有用性。因此，可以认为，联合框架表面上采用了 FASB 的行文方式，而实质上却容纳了 IASB 的观点。

3. 目标层次论（信息需求论）层面的调和

有学者提出用设立层次目标的办法来解决会计目标涵盖范围的问题，我们将其称为"目标层次论"。由于各层次目标都致力于满足信息需求，所以也可将其称为"信息需求论"。用一种创立新论点的方式来调和两大学派，其理由如下：受托责任论、决策有用论都形象地描述了某一具体环境中会计信息使用者对会计信息具有特定需求的会计目标，但他们却未能概括会计的所有目标，其真正原因在于他们未能从整体上考察会计目标，而试图以某一具体目标代替整体目标。会计目标有两个层次，基本会计目标和具体会计目标。通过历史考察可知，处于不同历史时期的会计，其基本会计目标是一致的，具体会计目标则因历史环境的变化而不同，因会计主体的不同而发生差异；基本会计目标适合所有历史环境下的所有会计信息使用者，而具体会计目标仅仅适合某一环境下的某一具体会计信息使用者。事实上，我们对会计目标的认识是从会计的具体目标开始的，只有通过具体目标的分析研究，才能最终抽象出具有共同性的特质。

财务会计具体目标的研究是在确定特定环境和企业治理结构下进行的：财务会计报告的使用者是谁；各类使用者的意图及其信息需求是什么；财务会计能够提供哪些信息。在当前同一历史环境下，可以根据会计主体的不同，设立不同的具体会计目标。以最有代表性及发展前景的三种企业组织形式——股份合作制企业、有限责任公司和股份有限公司为例，说明如下：

（1）股份合作制企业的具体会计目标。因为股份合作制企业的所有者和经营者合一，所以不存在受托责任关系，也不存在潜在投资者。其具体会计目标为：在满足国家宏观调控的前提下，为税务机关税收稽征和信贷机构的信贷决策提供信息，为企业内部管理和民主监督与决策提供信息。

（2）有限责任公司的具体会计目标。有限责任公司的股权相对集中，受托责任关系较为明显，除股东和债权人外，其他委托方均由国家代理。因此，可按简化的受托责任论描述有限责任公司的具体会计目标：向国家宏观管理提供信息的同时，向现有的投资者提供受托责任履行情况及履行结果的信息，向债权人提供有关企业偿债能力的信息。

（3）股份有限公司的具体会计目标。股份有限公司的股权相对分散、股东流动性大，尤其是上市公司。但是由于各国资本市场的发达程度不一致，国家宏观调控的力度也不一致。因此，基本可按决策有用论描述股份有限公司的具体会计目标：在满足国家宏观管理需要的前提下，向现在的和潜在的投资者及债权人提供决策所需的有关企业资产及利用效果、企业盈利能力及偿债能力、企业现金流量规模和时间及不确定性的信息。这些信息是受成本效益法则约束的尽可能广泛、详细的信息，通常涉及企业的背景信息、分部经营信息和前瞻性信息等。

在具体会计目标明确之后，基本会计目标可以大为简化：满足会计信息使用者的需求。

4.(模拟)管理决策论层面的调和

受IASB与FASB发布联合趋同框架（初步意见）的启示，我们认为，国际会计规范制定权之争，实质上是各国政治、军事、经济、文化等综合实力的较量。但是，在权力斗争之外，联合框架还应该有其构建的内在逻辑——一个让各方利益集团都可以接受的内在逻辑。我们认为，这种内在逻辑可以概括为：会计信息的（模拟）管理决策有用性（如果信息使用者是管理者本人，则为"真实管理决策有用性"）。根据这个内在逻辑，可以将"（模拟）管理决策论"的财务报告目标进行如下描述：提供有助于现在的和潜在的投资者、债权人及其他信息使用者，通过（模拟）管理者决策进行投资、信贷和类似资源配置决策的信息。这些信息应假想管理者作为重要的需求者与使用者来制造。我们提出（模拟）管理决策论的主要理由有以下两个：

（1）会计目标与企业目标的对接。现代财务会计理论主要关注企业会计，即企业（会计主体）是会计信息的提供者。没有企业就没有会计信息，更不必谈会计目标的问题。因此，会计目标应与企业目标对接才有实际意义。现有会计目标理论仅把企业目标（会计主体的持续经营）作为一个会计假设是远远不够的。

会计目标与企业目标对接之后的逻辑是，会计应向围绕着企业存在的包括投资者、债权人、管理者（经营者）、社会公众和政府等在内的利益相关者（用户）提供决策有用的信息；利益相关者使用有用的信息改善决策，即进行"理性的"决策；企业因为利益相关者"理性的"决策而发展或者不进入更差的状况；会计继续提供决策有用的信息，依此类推，实现良性循环。

那么，上述逻辑是否又落入包含受托责任论思想的决策有用论之中去了呢？答案是否定的。尽管上述逻辑的起点和终点——决策有用的信息、用户的决策及其影响和决策有用论是一致的，但是上述逻辑强调了一个细节，即管理者的理性决策直接影响企业价值，其他利益相关者的理性决策必须通过管理者行动才能影响决策——两权分离即为明证。也就是说，没有管理者的理性决策，其他利益相关者的任何决策都将不影响企业价值，或者减损企业价值，以至于最终无法从企业获取利益——对"理性的经济人"来说，获取信息不过是获取利益的中间手段。因此，管理者应该是会计信息的首要或直接服务对象。

下面还可以从正反两方面论证管理者作为会计信息首要服务对象的必要性和充分性。在受托责任论和决策有用论中，由于会计信息的首要或直接服务对象是进行间接影响决策的其他利益相关者，所以，作为进行直接影响决策的管理者，往往为了引诱其他利益相关者做出对企业有利的决策或者防止不利的决策，而实施会计舞弊或者盈余管理的行为。如此，改变会计信息的首要服务对象是必需的。而直接制造和使用会计信息的管理者便是第一选择。管理者作为会计信息的首要服务对象之后，就可以使用另一个标准判断会计信息的实质性真伪或"是否决策有用"。这个标准就是企业财务可持续发展的能力。如果会计信息显示企业不具有财务可持续发展的能力，比如显示出过高或过低的利润率和增长率，那么就可以判断会计信息失真或者管理者决策失误——当决策失误的代价极高（比如遭到解聘）或者可以假定管理者一直"理性决策"时，那就是"信息失真"。需要指出的是，在管理当局与审计师合谋的情况下，这个标准尤为重要。"蓝田"造假案等会计丑闻就是那些与公司没有任何利益关系甚至可能不知道会计准则具体操作程序的"纯粹"研究者，通过判断企业财务可持续发展的能力及假定管理者一直"理性决策"，而推断结论并将其曝光的。总之，把管理者作为会计信息的首要服务对象是必要且充分的。

（2）对现有准则体系的承接与改进。当前，许多国家已经根据受托责任论或决策有用论发展了一套会计准则体系，如果因为目标理论的变化而彻底放弃，势必代价太高。所幸的是，（模拟）管理决策论并不产生全新的准则体系，只是对现有准则体系的承接与改进。

在财务管理学界，早有学者提出了"管理资产负债表"的概念。他们认为，对于公司主管人员，标准的（传统）资产负债表不能准确地评价他们对公司财务业绩的贡献，即他们理性决策的成果或起点。对管理有用的"管理资产负债表"的左边是投入资本，右边为运用资本。投入资本仅包括企业经营所必需的饱和状态的资产净值。因此，列示于标准资产负债表左边的闲置资产或投机资产（如交易性金融资产）应列示于管理资产负债表的右边（作为负债的扣减项），同样在企业经营过程中自动产生的大部分流动负债（短期借款除外）应列示于管理资产负债表的左边（作为流动资产的扣减项）。随着管理者对资产负债的价值创造能力的分辨更为仔细和准确，管理资产负债表的格式将更为具体、明确，也更为"管理有用"。可见，管理资产负债表的格式无非是对传统资产负债表的格式调整，并增加一些反映资产负债的价值创造能力的信息——决策有用论下的公允价值观可以看作是向其迈出的重要一步。相应地，模拟管理决策论的准则体系是对现有准则体系的承接与局部的改进。因此，根据（模拟）管理决策论界定会计目标并引导会计准则也是可行的。

综上所述，（模拟）管理决策论也调和了受托责任论和决策有用论之间的矛盾。它通过强调会计信息的终极作用——提升企业价值以使利益相关者获利，来明确界定合理的用户集团（确切地说，用户集团是所有利益相关者，管理决策论只是明确了它们的层次），可以在一定程度上平息两大学派关于用户集团"特权"的表面化的、无休止的争议。事实上，任何用户集团（利益相关者）的"特权"包括管理者自身的权利都必须通过管理者基于会计信息的理性决策来实现。

作为尚未成熟的理论之一，（模拟）管理决策论也面临一个现实问题，即尚无足够的证据揭示管理者利用会计信息进行理性决策的程序究竟如何。关于这个问题，已有一些研究结论，但仍需努力寻找足够的证据并且做出更为合理的解释。好在无论哪一个会计目标理论都普遍认同："会计界今天面临的难题之一，就在于无法确知财务报表的使用者的决策方法或程序，以及会计信息在其决策过程中扮演何种角色。"

第三节 会计目标研究需要关注的主要问题

一、选择会计目标研究的主攻方向

迄今为止，关于会计目标的概念有如下四个名词混用：会计目标、财务会计目标、财务报告目标、财务报表目标。其中，会计目标是最为通俗也最为笼统的叫法；财务会计目标是学术界使用的较为严谨的称谓；财务报告目标是FASB首创并广为效仿的名词；财务报表目标则是 APB、IASB 等组织习惯使用的术语。从字面上理解，四个名词的大小包容关系显而易见：会计目标＞财务会计目标＞财务报告目标＞财务报表目标。从其内在含义来理解，上述顺序也是正确的，因为会计包括管理会计和财务会计、财务会计包括财务报告和其他信息报告、财务报告包括财务报表和相关信息报告。因此，严格地讲，本书所研究的"会计目标"应是"财务会计目标"。但是，一般地，为了增加所研究项目的准确性但又不至于失去有效性，人们往往首先针对和所研究项目关系最密切的下一级概念展开研究，然后将研究结论发展到所研究的项目本身。因此，人们通常用"财务报告目标"来替代"会计目标"进行研究。FASB 及后来的效仿者都采用了这种做法。

鉴于各种会计目标提法的争议集中在用户集团的界定差异上，采用"财务报告目标"一词研究会计目标，能引导人们从财务报告形式和内容方面加以改进以满足各个用户集团的信息需求。有代表性的观点包括增加财务报告中的信息内容、"事项"报告模式、差别报告模式。

增加财务报告中的信息主要内容如下：在坚持财务信息为主要内容的基础上，增加非财务信息的披露；在不放弃历史成本计价信息的基础上，尽可能增加公允价值计价的信息；提高诸如知识成本、技术成本、人力资源成本、企业文化、管理模式、社会责任等对企业有重大影响的企业"软资产"的披露程度。

"事项"报告模式源自美国著名会计学家索特（G.H.Soner）于 1969 年提出的"事项会计"（Events Accounting）理论。索特指出，在不完全明确信息使用者的信息需求及决策模型的情况下，会计应立足于提供与各种可能的决策模型相关的经济事项的信息，从而由使用者从中选择自己感兴趣的信息，也就是说，把综合数据的任务直接交给信息使用者。因此，财务报告应包括足够的明细数据以帮助使用者重构发生过的经济事项。据此可以认为，资产负债表是企业创立以来通过账户分别汇总后以余额间接表现的各种事项的报表，利润表则是直接表现企业于某个期间发生经营事项的报表。事项会计以"事项"为数据处理目标，当经济事项发生之后，通过各业务处理子系统进入数据库，根据各类事项的特征及相互间的逻辑关系进行实时自动处理，以期达到反映和控制经济活动的目的。事项会计用两种方式来提供信息：一种是以更明细的事项信息编制的财务报表；另一种是建立和维护最原始的数据库，使用者各取所需进行有效链接。1998 年出现的 XBRL（Extensible Business Reporting Language，可扩展性商务报告语言）便是事项会计思想与互联网技术相结合的产物。XBRL 的运用可以提高会计数据的质量，同时降低信息提供者生成财务报告和信息使用者使用财务报告的成本，有利于财务报告目标的实现，中国的上交所和深交所分别于 2004 年和 2005 年开始了 XBRL 模式的财务报告试点。但是目前依然存在技术和观念上的问题。

差别报告模式可在两个层面实施。第一个层面是由信息提供者向不同使用者提供内容上有差别的财务报告。理论上，通过提供差别财务报告，既可以满足不同用户的差别信息需求，又可以避免单一报告的广泛披露导致对企业的不利影响。技术上，差别财务报告可以运用会计软件网站上提供的自助式会计系统来实现。第二个层面是由会计规范组织建立差别信息披露制度，针对不同的信息使用者规定不同的信息披露的内容、数据、格式等。不过，在差别报告模式下，如何明确不同信息使用者的信息需求差异度并将其落实到操作层面来仍然是一项困难的工作。

总之，尽管许多会计学者和实务工作者在财务报告的改进方面付出了大量的劳动也取得了一定的成果，但是距离完全实现财务报告的目标还有不小的差距。或许财务报告目标本身就设置得有些"好高骛远"。如果只把会计现象看作是一个客观存在或者只对会计赋予一些触手可及的任务，那么会计也有可能缓慢地、健康地向前发展。

二、探索特定会计环境下的动态化的会计目标

根据系统论的观点，会计应该有自己的目标，并且和外部环境有互动的关系。会计目标取决于相关的会计环境，尤其是会计环境中会计信息使用者的特征。研究会计目标应该从会计环境入手。这就是目前会计理论研究中比较流行的"环境起点论"。本章在阐述会计目标的两大学派时，也多次述及会计环境问题。

但是，前文既没有强调环境分析的意义，也没有使用和会计环境密切相关的一些术语展开分析，更没有明确当前中国会计环境下的会计目标定位问题——没有体现本书为中国会计发展服务的宗旨。

有学者认为，政治、经济、文化、法律和教育等环境因素对会计目标都有一定的影响，但这种影响是分层次、分程度的：政治因素和法律因素等主要影响会计目标的存在，经济因素主要影响会计目标的定位；经济环境因素的内容非常广泛，但对会计目标有决定性的影响因素主要包括经济管理体制、企业资金来源和市场等三个方面。

从上述三个方面考察，可以认为当前我国会计环境的特征有以下几个：第一，我国实行的是社会主义市场经济，国家在多方面对企业进行监督、管理和控制；第二，企业所有制结构多元化，国有资本仍然占据主要位置，非国有经济已经成为国民经济发展的主流，集体、私人和外商等都是企业资本的主要供给者；第三，证券市场并不发达，证券资产占GDP的比重较小，职业投资人以大众散户为主，但其普通教育水平和专业素质水平普遍较低；第四，企业的外部融资主要从银行获得，银行资产占GDP的比重较大；第五，我国企业会计信息的使用者是以国家、银行、企业法人和一般投资人为主的管理型投资人，证券市场上的职业投资人比例较小，但今后会有较大幅度的上升趋势。

根据以上对当前我国会计环境的考察，可以将我国的会计目标分为三个层次：第一层次，会计应该提供有助于各类会计信息需求者进行各种决策所需要的会计信息，包括管理型投资人、职业投资人、企业经营者、贷款人、政府、公众等；第二层次，目前，企业应主要为管理型投资人提供真实可靠的财务会计信息，且在相当长的历史时期内，这种信息可以同时满足各类信息使用者的信息需求；第三层次，随着会计环境的变化，在制度允许

的范围内（指需要财政部出面指导，培育企业提供这方面信息的能力），企业可以适当提供对职业投资者进行投资决策有用的会计信息。

由此可见，从会计环境入手研究会计目标，可以得到一个动态的会计目标概念：在一定的会计环境下适用，却又随会计环境的变化而变化。这样的会计目标概念既不是受托责任论也不是决策有用论，既不是两大学派的现时融合也不是两大学派的未来融合，虽然显得有些功利，但是比较务实，可以在一定程度上促使会计理论研究者摆脱对普适性的、亘古不变的会计目标概念的追求。

三、利用务实的会计准则推动会计目标的发展

会计是一门应用性很强的学科，人们对它的理性思考历时已久。先前就有无数的会计学者孜孜不倦地探讨会计的各个要素及合理的会计处理方法，然而迄今尚无定论。后来的会计学者改弦更张，试图确定一个会计目标和若干基本概念，从而演绎一个理论体系用以指导实务操作。这种努力值得称道，但其结果仍未得到人们的普遍认同。形成这种局面的原因有三：一是客观上会计环境的差异，导致人们难以达成对会计的共识；二是主观上人们研究会计的视角不同、方法不同，结论自然不能统一；三是会计在性质上是自然科学，缺乏预定的逻辑线索，需要人们进行主观假设并自圆其说，且还要与时俱进。于是，会计研究者（含会计准则制定者）开始采用灵活的策略：在务实地产出会计准则的基础上，坚持会计理论（含会计目标）的逻辑，在理论逻辑得到验证和修正之后，再引导务实的会计准则的产出。鉴于会计的应用性，这种理论与实际相结合的辩证思想显得尤为重要。

需要指出的是，这种务实的态度与做法不同于上述会计目标概念形成过程中的务实态度与做法：前者涉及会计准则和会计目标的相互作用与修正，过程是"初始目标—初始准则—修正目标—修正准则"；后者只是会计目标的确定和会计准则的修正，过程是"目标—初始准则—修正准则"。

这一点可以从 FASB 的行为中看出：第一，FASB 按照规定程序制定会计准则并在吸取各方面意见（采用征求意见稿或开会讨论的形式）的基础上投票产生正式公告；第二，废止了第 6 辑《财务会计概念报告——非营业机构编制财务报告的目的》，用第 6 辑《财务会计概念公告——财务报表的各种要素》取代第 3 辑《财务会计概念公告——企业财务报表的要素》，并在时隔 15 年之后发布第 7 辑《财务会计概念公告——在会计计量中使用现金流量信息和现值》；第三，发布大量的新会计准则；第四，与 IASB 进行交流，在 2006 年发布联合趋同框架。这些行为一方面淡化了会计目标和会计理论绝对的、一贯的指导性，甚至可以是应急之需；另一方面又强化了会计目标和会计理论的研究，以期加强它未来的指导性。总之，FASB 没有让不完全成熟的会计目标概念和会计理论成为制定会计准则的障碍。与此类似，中国财政部会计司也在时隔 14 年之后，对基本会计准则进行了重大修改与调整。而且，基本会计准则中关于会计目标的阐述，较之 FASB 和 IASB 单

独一个公告的说明,显然要简单得多,甚至有敷衍了事的嫌疑。但它依然没有妨碍其间 8 辑具体会计准则的颁布与修订。

理论上,会计目标概念应该具有时间和范围的稳定性。即使是风格迥异的受托责任论和决策有用论,它们在基本的会计信息范围界定上也是一致的——都包括财务状况、经营成果和现金流量方面的信息。当然,在不同的会计目标概念下,会计信息的质量特征和充分披露的程度是不一样的。但是,不能因为后者的一部分差异或者临时的细小差异而大张旗鼓地批判进而改进会计目标概念。只有这样,才符合会计理论研究和会计准则制定的成本效益原则。

第四章 现代会计的基本假设分析

会计假设又称会计假定,是指"对某些未被确切认识的会计现象,根据客观的正常情况或趋势所做的合乎事理的判断,而形成的一系列构成会计思想基础的公理或假定"。它是限定会计核算的范围、内容,据以对收集、加工处理的会计信息加以过滤和筛选,以保证会计工作正常进行和会计信息质量的基本前提和约束条件,也是设计和选择会计方法、程序的重要依据。

1922年,佩顿在其著作《会计理论》中最先提出会计假设的概念:"现代会计不但需要在许多场合运用估计和判断,而且整个结构是建立在一系列的一般假设的基础上的,换句话说,要有一些基本前提和假定支持会计人员对价值、成本、收益等做出特定结论。否则,这些结论将难以成立。"他还认为,如果没有一定的假设,会计实务就不可能顺利进行。因此,会计假设是企业会计确认、计量和报告的前提。

美国伊利诺伊大学国际会计教育与研究中心的一个研究小组在1964年发表了一份题为"基本会计假设与原则说明"的报告,该报告认为会计假设应具有以下五个特征:假设在本质上是普遍性的,而且是推导其他命题的基础;假设是不言自明的命题,它们或直接与会计职业相关,或是其构成基石;假设虽是普遍认为有效的,却是无法证明的;会计假设应具有内在一致性,它们不会互相冲突;每个会计假设都是独立的基本命题,不会与其他假设重复或交叉。

我国著名的会计学家裘宗舜认为,会计假设的本质特征是客观性、普遍性、难以正面证明性和独立性。所谓客观性是指会计假设不是人们凭空想象出来的,而是人们在长期的会计实践中逐步认识和总结而形成的,因此具有客观性;普遍性是指会计假设对所有的会计工作都适用;难以正面证明性是指会计假设不能对其本身做直接的验证,但可以由假设所演绎出的结论加以验证;独立性是指每一个会计假设都是独立的命题,不会互相冲突。

根据西方会计学者的解释,由于会计实务中存在着不确定性因素,在会计处理时难免要运用判断和估计,这就需要先做出一定的假设。会计假设正是会计人员对那些未经确切认识或无法正面论证的经济事项和会计现象,根据客观的正常情况或趋势所做出的合乎事理的推断。但是,尽管假设是对客观经济环境所做出的合乎逻辑的理性的抽象,但毕竟与经济现实存在一定的差距,当这种差距被限定在一定的范围内时,这种假设就可以被接受,可以认为是有效的;但当假设远离会计经济环境,已不是对现实理性的概括和总结时,会计假设固有的局限性就会充分暴露出来,会计假设的消极作用就会超过积极作用,据此假设所提供的会计信息的可靠性和相关性就很低，从而也使信息使用者的决策有用性降低，这又反过来加剧了会计环境的不确定性，扰乱了正常的会计秩序。这说明，会计假设存在和发挥作用的前提是假设与现实的脱节应保持在合理的限度内，当现实发生较大变化时，会计假设也必须做出相应的修正，以适应变化了的环境。

对会计假设构成要素的界定，不同的学者持不同的观点。佩顿在其所著的《会计理论》一书中提出了七项会计假设：经营主体、持续经营、资产负债表恒等式、财务状况与资产负债表、成本与账面价值、应计成本、收益和期后影响。1940年，佩顿和利特尔顿在其合著的《公司会计准则绪论》一书中又提出了六项会计假设：经营主体、持续经营、分期、价格积累、货币计量单位、收入与费用配比。

国际会计准则委员会认为，会计基本假设有持续经营、一致性和权责发生制，但在1989年发布的《编报财务报表的框架》中只保留了持续经营和权责发生制。

我国著名会计学家葛家澍教授在《会计研究》上发表的《关于财务会计基本假设的重新思考》一文中，联系我国经济环境的现实特点，认为应将宏观调控、会计主体、以货币为基本计量单位、市场价格（或交换价格）作为会计基本假设，将持续经营、会计分期和权责发生制等作为会计基本假定，从而把会计假设区分为会计基本假设和会计基本假定。

我国财政部发布的《企业会计准则——基本准则》认为，会计基本假设包括会计主体假设、持续经营假设、会计分期假设和货币计量假设，同时将权责发生制作为会计基础与上述会计基本假设并列入基本准则的总则中，认为权责发生制是企业会计确认、计量、报告的基础，必须贯穿于企业会计准则体系的全过程，属于财务会计的基本问题，其层次较高、统御作用强，这实际上是把权责发生制放在与会计基本假设同等重要的位置。

目前，国内的绝大多数学者仍坚持会计假设。一般包括四个基本假设，即会计主体假设、持续经营假设、会计分期假设和货币计量假设。下面，笔者将对这四个基本假设做简要阐述。

第一节 会计主体假设

会计主体是指会计工作为其服务的特定单位或组织，它为会计工作规定了活动的空间和范围。会计主体是随着社会生产力和经济活动组织形式的发展变化而产生的。在生产经营规模很小、业主独资经营的情况下，经营活动和业主的活动是合二为一的，其会计核算的内容既包括业主生产经营活动，也包括个人的收支。而当几个人合伙经营时，合伙经营收支活动就必须与各业主个人收支活动相区分，需要确定会计主体，即合伙会计的核算范围。这样，会计主体的概念便应运而生。

会计主体的作用在于界定不同会计主体会计核算的空间范围。为了向财务报告使用者反映企业财务状况、经营成果和现金流量，提供对决策有用的信息，会计核算和财务报告的编制应当集中反映特定对象的活动，并将其与其他经济实体区别开来，这样才能实现财务报告的目标。因此，对企业来说，它要求会计核算区分自身的经济活动与其他企业单位的经济活动、区分企业的经济活动与企业投资者的经济活动。企业的会计记录和会计报表涉及的只是企业主体范围内的经济活动，而不核算反映企业投资者或所有者的经济活动，也不核算反映其他企业或其他经济主体的经济活动。这样通过界定会计核算的范围，才能正确反映会计主体的资产、负债和所有者权益情况，才能准确提供反映企业财务状况、经营成果和现金流量的会计报表，才能提供会计信息的使用者所需要的信息资料。也正是确定了会计核算的范围，企业的投资人、债权人及其他利益相关人才可能从企业的会计报表中得到有用的会计信息。

会计主体与法律主体并不是同一概念。一般说来，法律主体必然是会计主体，但会计主体并不一定就是法律主体。任何企业，无论是独资、合资或合伙企业，都是一个会计主体。在企业规模较大的情况下，为了便于掌握其分支机构的生产经营活动和收支情况，可以将分支机构作为会计主体，要求其每期编制会计报表。此外，在控股经营的情况下，母公司及其控制的子公司均为独立的法律主体，各为会计主体，但在编制合并会计报表时，也可以将母公司和子公司这些独立的法律主体组成的企业集团视为一个会计主体，将其各自的会计报表予以合并，以反映企业集团整体的财务状况和经营成果。也就是说，会计主体可以是独立法人，也可以是非法人；可以是一个企业，也可以是企业内部的某一单位或企业中的一个特定的部分（如企业的分公司）；可以是单个企业，也可以是由几个企业组成的企业集团。

然而，随着科学技术特别是信息技术、网络技术的发展和应用及竞争的日趋激烈，经济发展日益表现出多样化、复杂化的特征，会计主体假设的典型形态——企业的边界也变得越来越模糊，具体表现为以下几个方面：

（1）企业的外延越来越难以界定。以知识为基础的信息技术革命不仅突破了地域空间对经济交往的限制，更重要的是导致企业组织之间的界限不再像工业时代那样清晰。企业能够轻易实现内部某些要素与外部相关要素的重新组合，从而构成新的功能，实现新的生产能力。这种"新组合"的实质是一种动态的合作关系，其表现形式有"战略联盟"和"虚拟企业"。所谓战略联盟，是指由两个或两个以上有着对等经营实力的企业为达到共同拥有市场、共同使用资源等战略目标，通过各种契约而结成的优势相长、风险共担、要素双向或多向流动的松散型网络组织。战略联盟多为自发的、非强制性的，联盟各方仍保持着原有企业的经营独立性。"虚拟企业"是指在信息社会中，企业在开发、生产、销售新产品时，通过信息网络在世界范围内形成的最佳合作伙伴组成的临时集团。当开发某个项目时，技术能力、生产能力、销售能力最强的企业主动组合到一起共同开发和生产，项目结束后，联合体立即解散。由于虚拟企业没有有形的办公场所、固定资产、雇员等，仅仅是一个抽象的联合体，因此它最重要的资产只能是人力资源和知识产权。

虚拟企业的出现，突破了以往的空间概念，使会计主体不仅仅局限于现实生活中"实"的物理空间，还对应于网络中"虚"的媒体空间。这种"虚"的媒体空间，跨越了现实中的地域。更为重要的是,"虚拟企业"使企业的空间范围能够根依据迅速变化的市场需要而进行灵活地重构和分合,从而使会计主体具有可变化性。它可以根据业务需要随时膨胀或缩小,也可以立即解散。

可见,存在于网络中的虚拟企业与传统的会计实体相比,具有很大的不确定性。它极大地改变了会计主体的存在方式,它是一种新型的"相对会计主体"、一个具有"相对稳定"的网络上的组织——由各独立组织组成的临时联盟体。这种"相对"会计主体拓展了以往传统有形的会计实体假设。

虚拟企业外延界定困难,导致会计主体假定模糊,如何真实、公允地计量这些虚拟公司的资产、负债、所有者权益,会计报表如何在形式和内容上适应这种变化,是会计主体假设理论必须解决的问题。

(2)不同利益主体对会计信息的不同需求,导致了现行会计主体编制的四大报表(资产负债表、利润表、所有者权益变动表和现金流量表)很难满足用户的个性化需求。会计报表信息公开的内容理应取决于特定的目的和对象。对于会计信息的主要使用者(如投资者、债权人、供应商、政府、社会公众等)来说,他们对信息需求的侧重点是各不相同的。如政府部门关心的是企业参与市场资源配置、履行社会职责方面的信息。因此,会计主体应重点提供有利于政府制定正确的企业政策、税收政策、宏观经济政策方面的会计信息;公众最关心的是企业对社会的贡献,如提供就业机会的多少、劳动报酬的高低、职业教育培训情况、对公共事业的捐赠、对环境治理的贡献等,因此,会计主体应重点披露履行社会职责等方面的信息。上述内容,有的需要与主要关联企业如长期供应商、客户、协作企业的信息和主要竞争对手的信息一起进行分析比较,并一起提供给信息使用者,才能使信息使用者做出正确的决策;有些信息的形成是企业超越主体范围的空间限制,以社会的角色来筹划生产经营活动的结果,如对下岗职工的安置、增加再就业的情况、对环境治理的贡献等。显然,上述信息的提供,不再单纯是基于会计主体的经济利益,而是在很大程度上根据使用者的经济利益来界定会计主体和包含在财务报表中的信息的界限。美国会计学会的概念与准则研究委员会在1964年对企业主体的研究报告中指出,会计主体的范围界限可通过两种方式确定:一是利益相关的个别或整体使用者;二是个别或整体使用者利益的性质。这样,会计主体的空间范围也可以有不同的界定:可以是企业内部的各个环节、各个部门直至整个企业,也可以是几个企业的联合体、关联方,还可以是一个地区甚至一个国家(如社会会计报告的编制)。

第二节 持续经营假设

持续经营假设是指企业在可以预见的将来不会破产清算,按照当前的规模和状态及既定的目标持续不断地经营下去,直到实现企业主体的计划和完成受托责任为止。国际会计准则理事会采纳的《编报财务报表的框架》对持续经营做了这样的界定:"财务报表的编制,通常是根据主体是经营中的主体并且在可以预见的将来会持续经营的假定,从而假定主体既不打算也没有必要实行清算或大大缩小经营规模。如果有这种打算或必要,财务报表就必须按照不同的基础编制,然而要是那样做的话,就应当说明所采用的基础。"在新修订的《国际会计准则第1号——财务报表的列表》中就持续经营做了更详细的界定:"在编制财务报表时,管理层应对主体是否仍能持续经营进行评估。除非管理层打算清算该主体,或打算停止经营,或别无选择只能这样做,否则主体应以持续经营为基础编制财务报表。管理层在进行这种评估时,当意识到有关事项或情况的高度不确定因素可能引致主体无法持续时,主体应披露这些不确定因素。如果主体不是以持续经营为基础编制财务报表,则应披露这一事实,并披露其编制财务报表的基础和主体不被认为是持续经营的原因。"

对会计主体前途的这种稳定性的设想,反映了与主体有利益关系的所有集团的愿望。持续经营假设为会计工作的正常活动做出了时间上的规定,因为只有在这样的前提下,会计主体才能采用历史成本而不是清算价值来确认、计量、报告其资产要素,所有资产也将按照预定的目标在正常的生产经营过程中被耗用、出售,它所承担的债务也将如期偿还,企业提供的财务报表也就被理所当然地看成是一系列连续报告的组成部分。

可见,持续经营假设在会计理论中占据着极其重要的地位,会计核算中所使用的一系列会计处理方法,都是建立在持续经营的前提下的。例如,只有在持续经营的前提下,才能运用历史成本原则,企业才可以按照正常的情况使用它所拥有的各种经济资源和依照原来的偿还条件来偿还它所负担的各种债务。对于它所使用的机器设备、厂房等固定资产,只有在持续经营的前提下,企业才可以在机器设备的使用年限内,按照其价值和使用情况,确定采用某一折旧方法计提折旧。如没有规定这一前提,在清算的情况下,则不能运用历史成本原则,只能用清算价值来反映会计对象。因此,只有在持续经营的前提下,企业在会计信息的收集和处理上所使用的会计处理方法才能保持稳定,企业的会计记录和会计报表才能真实可靠。

如果没有持续经营的前提条件,一些公认的会计处理方法在缺乏存在的基础上也将无法被采用,企业也就不能按照正常的会计原则、正常的会计处理方法进行会计核算,不能采用通常的方式提供会计信息。

然而,我们应该看到,持续经营假设得以实现的基本前提是假定会计主体在可能预见的未来不被清算、终止,又假定它将持续到一个不能确定其结束的时间,且在持续经营期内,会计主体会按当前的规模和状况继续经营下去,其经营计划和目标均能实现,不会有大的变化。而事实上这些假设条件具有很大的局限性。具体表现为以下方面:

(1)目前会计主体所面临的经济环境发生了明显的变化。在工业时代,企业所面临的经济环境是一个相对稳定的结构(排除政治因素),变化平缓,风险较小。在这种环境下,只要企业在设立时能周密规划,其经营目标一般能够实现,这是持续经营假设很重要的外部环境条件。然而,今天我们已进入信息技术时代,会计主体面临的是竞争日趋激烈、风险日益增大的经济环境，在这样的风险环境下，企业随时都有被清算、终止的可能。现实中巴林银行的倒闭案就是很好的例证。

（2）如前所述，"无实体公司"的兴起及迅速发展对"持续经营假设"提出了最直接的挑战。"无实体公司"的主要特点是根据业务需要，把许多个体通过网络连接起来，一旦业务完成即告解散。这种公司的外延变化频繁，而且它的负债和现金流量将按需要和效率分割成条块。对于这种"无实体公司"来说，建立在"持续经营假设"基础之上的许多会计处理方法显然不再适合，因为它违背了"持续经营假设"的根本前提——假定会计主体在可能预见的未来不被解散、终止，这就需要构建一种新的会计处理方法来反映"无实体公司"的结构和功能的变化。

（3）现实经济生活中兼并浪潮的迭起，增加了单个会计主体失去持续经营的可能性。在竞争激烈的市场经济中，企业有着强烈的发展扩张的欲望，一般运用两种基本方式进行，即通过内部投资新建生产能力和通过兼并寻求企业的重组和扩张。比较而言，兼并往往是企业发展效率较高的方式。其优势主要表现为以下几个方面：一是兼并可有效地降低进入新行业的障碍，大幅度降低企业发展的风险和成本，同时可充分利用被兼并企业的成功经验；二是通过兼并可以实现合理避税的目的，同时兼并的预期效应可以使兼并双方的股票价格大幅上扬，使股东财富增加；三是兼并可以不断提高企业的市场控制能力，可以使企业获得某种形式的垄断，这样，既能带来一定的垄断利润，又能保持较强的竞争优势；四是通过兼并可以实现经验共享和优势互补，从而优化成本结构、降低产品价格、增加收入来源和增强抵御小规模地区性经济疲软的能力。正是由于兼并具有巨大的优越性，成熟的市场经济国家的代表——美国在近百年来掀起了多起兼并浪潮。其中20世纪90年代初发起的第五次浪潮，在兼并的数量、规模、垄断程度上都达到了历史最高水平，单在1996年就发生1万多起兼并行为。我国目前正处于改革的攻坚阶段，市场机制正发挥着越来越大的作用，很多优势企业通过兼并行为来提高自身对生产要素和资源的占有率，扩大名牌、主导产品的生产配套能力，利用被兼并企业的销售渠道、产品生产能力来扩大投资，提高技术水平，拓展新的领域和业务范围，提高市场占有率和规模经济程度。因此，兼并将成为我国市场机制发育完善过程中企业对外扩张的主要行为方式之一。而兼并则意味着一个会计主体的消失和另一个会计主体的变更或扩充。会计主体假设理论应对越来越多的兼并行为做好实务操作上的准备。

正是由于持续经营假设具有内在的和现实的局限性，西方一些会计学者不赞成把这一假设包括在会计理论的结构之列。例如，斯托尼认为，持续经营假设并不能证明存货按历史成本计价的合理性。澳大利亚会计学家钱伯斯（R.J.Chambers）认为，持续经营不过是把一个企业看作是处于正常清算中的一个连续不断的状态，而不是把它作为已处于被迫清算之中的一种状态。斯特林也认为持续经营与会计理论结构是不相关的，不能成为假设。以上事实和学者的观点都要求对持续经营假设重新做出科学的解释，使建立在其上的会计方法更具有合理性。当企业一旦获得不能持续经营的证据时，会计处理必须按照清算价值进行。

第三节 会计分期假设

会计分期假设是持续经营假设的逻辑延伸，指将企业持续经营期人为地分割为一个个连续的、长短相同的期间，以便结算账目、确定损益、编制报表、及时提供会计信息。由于持续经营假设已把会计主体当作一个长期存在的经营单位来看待，而信息使用者为了短期决策却经常需要有关企业在某个时期的财务状况、经营成果和现金流量等各种信息。为了满足信息使用者的这种需要，企业应向有关各方提供信息，而不能等到经营活动结束才去进行结算和编制财务报告，这样，就必须提出会计期间即会计分期假设。会计分期假设认为，凡是能描述一个企业财务状况、经营成果和现金流量的财务报告，就应该予以提供。会计期间分为年度和中期，年度通常是一年，称为"会计年度"。中期是指短于一个完整会计年度的报告期间，如月份、季度、半年度等。我国会计期间的起讫日期为公历日期。

会计期间的划分对会计核算有着重要影响。由于有了会计期间，才产生了本期与非本期的区别；由于有了本期与非本期的区别，才产生了权责发生制和收付实现制，才使不同类型的会计主体有了记账的基准。采用权责发生制后，一些收入和费用也要按照权责关系在本期和以后会计期间进行分配，确定其归属的会计期间，为此需要在会计处理上运用预收、预付、应收、应付、预提、摊销等一些特殊的会计方法。

会计期间的划分，使企业连续不断的经营活动分为若干个较短的会计期间，有利于企业及时结算账目，编制会计报表；有利于及时提供反映企业经营情况的财务信息，能够及时满足企业内部加强经济管理及其他有关方面进行决策的需要。

然而，由于会计分期假设是人为地把持续不断的企业生产经营活动划分为较短的经营期间，为了分清各个期间的经营责任和业绩，在会计处理上就需要运用"应计""递延""分配""待摊""预提"等特殊的程序来处理一些应付费用、预收费用、各种折旧、各种摊销等项目，而这些特殊的会计处理程序，又是建立在一系列的会计假设基础上的，是人为的结果。这必然导致客观经济现实与会计反映结果的背离，是引致很多会计信息失实的制度性原因，是会计分期假设固有的理论上的缺陷。如固定资产折旧，对于当期应分摊多少固定资产损耗价值，会计上无法精确地加以计量。虽然固定资产取得时的价值是客观的、公允的，但固定资产可使用年限（尤其是经济年限）、固定资产的残值在事前是无法准确计量的。即使是在原值、可使用年限、残值已定的情况下，采用不同的折旧方法（直线法、加速折旧法等）确认的当期损益也截然不同。由此可见，要承认会计分期假设是合理的、必要的，就要承认会计处理上某些估计是难免的，而有估计就不可能精确，也就是说，要承认会计分期假设的合理性，就必须承认会计处理的结果——会计信息永远不可能是精确的，这也从另一方面印证了会计信息的真实性只能是相对的，是程序理性的结果。

第四节 货币计量假设

货币计量假设是指会计提供的信息主要以货币（记账本位币）为计量尺度，会计是一个可运用货币对企业生产经营活动进行计量并把计量结果加以传递的过程。货币计量假设有两个含义：一是在诸多计量单位中假设货币是计量经济活动及其结果的最好单位；二是货币的单位价值是不变的。

货币计量假设可以使各种性质的会计主体（企业）的经济业务按同一标准计量反映，信息是可比的。企业的生产经营活动具体表现为商品的购销，各种原材料和劳务的耗费等实物运动。由于商品和各种原材料、劳务的耗费在实物上不存在统一的计量单位，无法比较，为了全面完整地反映企业的生产经营活动，会计核算客观上需要一个统一的计量单位作为会计核算的计量尺度。在商品经济条件下，货币是商品的一般等价物，是衡量商品价值的共同尺度，会计核算就必然选择货币作为会计核算的计量单位。会计核算以货币计量，使会计核算的对象企业的生产经营活动统一地表现为货币运动，能够全面完整地反映企业的财务状况和经营成果。

实践证明，上述基本假设对会计系统的正常运行是不可或缺的，如果违反这些基本前提的规定，现代意义上的会计就不能作为科学的信息系统为使用者提供服务。但是，就目前对实践认识的水平而言，人们无法或不能证明它，因此将其界定为"假设"，"假设"所代表的前提和制约条件具有客观性，但人们却依靠判断来认识它，所以也不能排除基本假设中的主观和相对成分。当前，人们对会计假设所包括的内容看法不一致，缘由就在于此。

货币计量假设有两个主要的限制因素：第一，会计信息应理解为基本上是可按货币定量或带有财务性的，这一假设导致人们把会计定义为"一门关于计量和传递货币性活动的学科"。第二，货币单位自身带有局限性，即它以币值稳定或币值变化甚微或者假定其变化不重要为附加条件。显然，货币计量假设固有的局限性已严重影响了会计学科体系的严密性及会计作为一门重要的计量学科在企业管理中应发挥的作用。

（1）把会计计量局限于货币计量，明显割断了会计计量的发展历史。恩格斯曾经指出："历史从哪里开始，思想过程也应从哪里开始，而思想进程的进一步发展，不过是历史过程抽象的、理论上前后一贯的形式的反映；这种反映是经过修正的，而且是按照现实的历史进程本身的规律修正的。"列宁也曾说过：对于每一事物，都要看它在历史上怎样产生，在发展中经过了哪些主要阶段，并根据它的这种发展去考察这一事物现在是怎样的。在原始社会时期，我国就出现了最原始的会计计量方式，即"结绳记事""简单刻记"。文字产生后，"会计"一词最早见于我国的西周，据《周礼》记载："凡在书契版陶者之贰，以逆群吏之治，而听其会计。"会计当时是直接用实物量度、劳动时间量度再加上必要的文字说明来计量财物收支情况的。而以货币计量作为会计计量的尺度，则是商品经济发展到一定阶段的产物。我们不能以某一特殊阶段的会计计量尺度来概括会计计量尺度的全部发展历史。

（2）即使在商品经济条件下，把会计计量局限在货币计量，也影响了会计作用的发挥。大家知道，社会财富一旦被赋予商品的属性，就成为使用价值和价值的统一体。而价值管理和使用价值管理的统一性随着管理空间的逐渐变小而愈益明显。例如，第一线的生产工人对其使用的原材料、工具设备等负有直接的管理职能，而这些生产资料本身既有一定的使用价值，又代表着一定量的价值。在这里，价值管理与使用价值管理是直接的统一。同样，对第一线的生产工人进行会计管理，用实物量度比用货币量度更为科学、方便。例如，炼钢厂的吨钢耗电量，在工人那里最直观地反映是电耗的实物——度数，只有把度数乘以电价（货币计量）才是价值量。显然，对于炼钢工人来说，最直观的指标是耗电度数，而不是耗用的电费，因为电费还要受电价的影响。可见，把会计计量局限在货币计量，不但人为割裂了价值与使用价值的紧密关系，也影响了会计作为一门最重要的计量学科在商品经济条件下应发挥的作用。

（3）货币计量假设实际上已把会计定义为"一门关于计量和传递货币性活动的学科"。而在市场经济条件下，尤其是在充满激烈竞争的信息时代，把大量的非货币性信息排斥在会计信息系统之外，实际上是要强迫会计放弃社会经济信息主要提供者的角色，降低会计信息的作用。会计的现实情况充分说明了这一点。20世纪80年代末以来，美国会计职业界受到来自学术界、国会、政府监管部门以及会计职业界自身的强烈批评，批评的焦点是：企业会计报告没有能够提供有价值的信息，报告未能面向未来，会计信息严重不完整，会计信息正在失去相关性。为此，美国注册会计师协会于1991年4月成立了财务报告特别委员会，并于1994年完成了题为《改进企业报告》的专题报告。该报告规定了企业报告应提供五大类信息：第一类，财务与非财务信息（企业经营业绩信息）。第二类，企业管理部门对财务与非财务信息的分析。第三类，前瞻性信息，其中包括三个信息要素：一是企业面临的机会和风险；二是企业管理部门的计划；三是将实际经营业绩与以前披露的机会和风险进行比较，以及与计划进行比较。第四类，有关股东、管理人员的信息。第五类，背景信息，其中包括三个信息要素：一是企业的广泛目标和战略；二是企业经营业务、企业资产的范围和内容；三是产业结构对企业的影响。从这份研究报表中可以看到：报告增加了大量的非财务信息，并把财务信息与非财务信息紧密结合起来进行分析；增加了未来信息、前瞻性信息和背景材料，从而保证信息使用者在拥有最充分、最相关的信息基础上做出决策。这份报告在美国会计界、企业界引起了很大反响。它表明，会计要想巩固已有的地位，必须改进计量手段，扩大会计报告的信息容量，增加非货币性信息，为用户提供全面、综合的会计信息。

（4）货币计量假设为会计新兴分支学科的产生、发展设置了障碍。近几十年来，随着会计学科与其他学科的融合，很多新的会计分支学科，有代表性的如社会责任会计、人力资源会计、资源环境会计、行为会计、质量会计等等。这些新兴会计学分支学科反映和控制的内容已远远超过货币计量所能涉及的范围，深入社会责任、企业责任、人的因素、环境资源、产品质量等许多方面。以社会责任会计为例，西方发达国家中最为重视社会责任会计的法国，于1977年以正式法令的形式要求职工人数超过300人的企业必须编制社会资产负债表，列示就业人数、工资福利、职工培训、行业关系、职工的住房和交通等有关方面的信息；以后欧共体第4号指令中就这一问题向各国提出了统一的基本要求。稍后于欧洲，美国政府和会计职业团体同样也就企业的社会责任提出了许多要求和建议。1976年《幸福》杂志公布的500家企业年度报告中，有456家披露了社会责任履行情况的数据。内容涉及环境污染治理、对少数民族的雇佣、职工生活福利、对所在社区的捐献等诸多方面。通过对社会责任会计内容的扼要阐述可以看出，大部分内容是非货币性信息。其他会计分支学科的情况亦大致如此。可见，会计要想拓展自己的学科领域，与其他学科紧密融合，必须完善和拓展货币计量这一假设，把劳动量度、实物量度、质量量度等回归到会计计量体系中来，这样才能为会计在更广阔的领域发挥作用、扫清障碍。

第五章 财务管理概述

第一节 企业财务管理概念

现阶段,我国与其他国家及地区之间的文化、政治、经济交流都更加便利,也更加频繁。正是由于这些原因,我国的市场经济体制不断遭到外来经济体制的冲击。近几年来,计算机技术在我国的快速发展冲击着我国的传统财务管理模式,给我国的经济发展带来了巨大的挑战。在上述两种现代市场经济环境的影响下,现代企业对财务管理提出了新的要求,需要财务管理趋向于现代化、信息化和规范化。现行的财务管理模式越来越不适应社会的高速发展和科技的不断进步,如果不对其进行变革和创新,将不利于现代企业的发展。

一、财务管理的基本概念

现阶段,人们普遍认为财务管理就是对公司经营过程中的财务活动进行预测、组织、协调、分析和控制的一种管理活动。还有一种观点认为,财务管理是一种匹配活动。为此,我们可以将财务管理的内涵定义为对公司生产经营过程中的费用进行管理,管理时可以采取计划、控制等办法,是一种财务活动管理的过程。目前,我国财务管理的主要内容包括五个方面,分别是资本结构控制、资金控制、预算控制、对外投资控制及重大工程项目控制。在现阶段,笔者认为财务管理的关键在于对资金流动过程的控制,而对资本结构的控制就成为企业管理控制权的决定元素。

二、财务管理对企业的作用

财务管理对企业的兴衰成败起直接作用,所以西方国家的企业非常重视财务管理的统领性、时效性和控制性等作用。

财务管理影响着企业各个环节、各种活动的正常开展。财务管理需要进行变革,但怎样变革才能使企业效益最大化是我们必须考虑的,这需要财务管理与时俱进,与企业的发展并进。

财务管理的日益普及更加证明了财务管理的重要性,它在企业管理中具有核心意义。通过精准成本结算、强化风险意识、对财务支出和收入做更加严格的记录、在预算方面不断进步、加强信息化和科技化等手段,可以一步步促使财务管理更加有效。

三、企业财务管理建设的可行性因素分析

（一）有利于避免出现资金滥用现象

资金是企业生存发展的源泉与动力，也是企业业务活动顺利实施的前提条件，资金管理在企业财务管理中的作用不容忽视。财务管理建设，可以对资金滥用现象的发生起到一定的控制作用。企业要从自身的实际情况出发，选择最为适宜的方式进行筹资，确保资金充足，并对资金加以合理的分配，以防资金滥用现象出现。

（二）有利于提升会计信息质量

会计信息质量是企业决策的重要参考依据之一，加强财务管理建设，对会计信息质量的提升极为有利，可以进一步完善内控制度，严格监督企业领导和财务人员的工作行为，做到相互促进、相互制约。同时，还能够保证财务人员依法行使自身的权利，并积极履行自己的义务。

四、企业财务管理建设中存在的不足

（一）企业财务管理与企业战略管理脱节

企业要明确财务管理工作的关键目标，提高企业战略的发展效益。但是，一些企业在财务管理工作中，仍然采用较为传统的财务管理模式，没有使财务管理工作与企业战略目标融合在一起，出现了严重脱节的现象，进而造成企业生产经营活动中的财务管理职能没有充分体现出来。同时，企业现金管理、应收账款管理以及财务控制机制的刚性力度存在不足，大量潜在风险乘虚而入，不利于企业的健康发展。

（二）企业财务信息化力度严重不足

在新经济时代的影响下，诸多企业构建了完善的财务信息化管理体系，大幅度提升了财务管理运作效率。只有构建完善的财务管理系统，才能增强财务管理流程的迅速性与便捷性。然而一些企业的财务信息化，并没有从财务工作过渡到财务管理层面，财务管理模式并没有发生实质性的变化，很难及时了解企业实际的产、销、存等情况，进而对企业的生产经营活动进行指导。由于财务信息化不足，在财务管理部门中极容易出现"信息孤岛"现象，无法与企业其他部门实现数据信息的实时共享。

（三）融资难度比较大，存有投资风险

（1）企业在获取资金的过程中困难比较多。一些企业会通过银行机构来获取资金，然而银行有着较多的贷款条件限制，企业获得资金的难度普遍较高，一定程度上增加了企业的融资成本。这是由于一些企业经营规模比较小，缺少较强的借贷能力，再加上资产产权模糊、缺少抵押资产等因素的限制，如果发生违约行为，银行和其他金融机构很难将贷款

的本金和利息一并收回，所以银行和其他金融机构的贷款形式、手续比较复杂、繁琐。

（2）企业自身限制性条件比较多，投资能力并不高，存在一定的风险。一些企业在投资过程中，没有进行深入的调研，也没有对项目投资的可行性进行科学论证，过于强调短期目标，缺少科学的财务预测、决策预算及分析，投资信息的准确性难以保证，资金链条断裂的现象经常发生，稍有不慎，将会造成巨大的投资风险。

五、市场经济下企业财务管理所面临的挑战

财务管理本身就具有系统性和复杂性的特点，再加上财务管理在商品市场经济中有巨大压力，财务管理工作面临着严峻的挑战，执行过程中的一些问题也逐步显现。

（一）财务管理目标多元化难度增加

市场经济的发展给企业带来了巨大的挑战，迫使企业在许多方面取得进步和革新。作为企业管理中比较重要的财务管理，当然也会面临多种困难，这主要体现在财务管理内容的增加和任务的增重上。现行的财务管理方式，越来越难以保证财务管理工作的完美展开。

企业的发展使企业的经营范围和活动领域不断扩大，这些都促使企业在不同的发展阶段采取不同的财务管理办法，只有这样，才能为企业管理提供保障。要想充分发挥财务管理的作用，就必须使其适应市场经济发展的大环境以及企业发展阶段的独特性。

（二）财务资源配置的科学性有待加强

各个企业在财务资源配置上总会出现一些问题，如融资、筹资方面的问题，其中渠道不通造成的资金不足问题最为明显，这会使企业缺乏足够的资金用于扩大生产。资金的缺乏影响财务资源配置的科学性，进而导致企业难以扩大生产，难以取得长久的、可持续性的发展。

（三）财务管理趋向信息化有待加强

信息化高速发展的中国对企业中的财务管理提出了一系列的新要求、新任务，但很多企业在财务管理方面还停留在过去传统的财务管理体系中，难以做到与时俱进，不愿意接受时代的变化进行改革，因此难以符合现代信息化社会的要求，难以迅速获取准确的信息。

我国的企业管理人员较多、岗位重复，这些因素导致了财务管理的权责不明确，出了问题找不到直接负责人，影响了财务管理的灵活性，也影响了财务信息的接收和分析，使得信息接收水平不高。

大多数企业中的财务管理人员，没有接受过严格正规的岗前培训，对财务管理没有正确的认识，他们对财务管理信息化不了解，难以按照现代化的要求进行工作，使财务管理工作信息化的效率不高，作用难以完全发挥。

目前，加强财务管理建设是企业各项管理工作的重要环节，在企业发展中占据着极其重要的地位，已经成为企业内部普遍关注的焦点话题。企业要想更好地适应变化多端的市

场竞争环境，就必须高度重视财务管理这一问题，不断提升财务管理的运作效率，在企业内部创建氛围浓厚的财务环境，并为企业提供更加良好的利润空间，为企业的发展注入强大的生命力。

第二节 财务管理目标

财务管理目标服务于企业目标，是企业实施财务管理活动期望实现的结果。财务管理目标对企业发展具有重要作用，合理的财务管理目标是企业持续经营和发展的前提。只有确定了合理的目标，财务管理工作才有明确的方向，企业的各项财务活动才能顺利开展。因此，企业应立足于市场经济体制的要求，并根据自身的实际情况，科学合理地选择、确定财务管理目标。

企业的财务管理活动受环境制约，并受多种因素影响。各种因素纵横交错、相互制约。作为理财活动的重要环境因素，资本市场的完善程度对财务管理目标的影响尤为突出。现代企业由于两权分离，信息不对称现象普遍存在。探索如何基于信息不对称的现状确立合理的财务管理目标，是企业需要认真思考的重要问题。

一、企业财务管理目标的研究现状

究其发展历程，财务管理目标众多。当今关于财务管理目标的探讨，股东利益最大化和相关者利益最大化是两个最主要的观点。股东利益最大化观点的出现，早于相关者利益最大化。

股东利益最大化是指管理层应该努力通过财务上的合理经营，为股东带来更多的财富。持有该观点的人认为，资本是企业最重要的要素，管理者应该尽最大努力为股东赚钱，以增加社会价值。著名学者哈耶克曾指出，为股东赚钱与履行社会责任是可以并存的。埃巴则更立场鲜明地认为，只有把股东利益放在第一位，才能使社会福利最大化。股东利益导向的公司财务模式和理论，被批评为对企业员工、顾客、环境等利益相关者的利益不够重视，从社会学和经济学的角度来说不负责任。

随着知识经济和科学技术的迅猛发展，资本以外的其他要素对企业而言越来越重要，股东之外的其他利益相关者的地位也有所提高。有学者认为在这种情况下，从可持续发展的角度来看，企业只关注股东利益已经与社会经济发展的要求不相符，应予以改变。企业财务管理目标应当考虑包括股东在内的所有利益相关者的利益。他们认为，以相关者利益最大化作为企业财务管理目标，取代之前的股东利益最大化目标，可以有效弥补股东利益至上而忽略其他相关者利益的不足，符合企业长期可持续发展的要求。然而，随着研究的深入，也有众多学者对兼顾所有相关者利益最大化的观点提出疑虑，认为相关者利益最大化治理模式实际上是将股东利益最大化的负外部性内部化到公司治理中，在现实条件下存在明显不足。首先，利益相关者利益定位不明确；其次，利益相关者间利益有冲突，难以实现利益最大化；最后，利益的分配难以量化，不具有可操作性。

财务管理目标是企业财务理论的重要内容，一定程度上决定了财务管理的组织、原则及其方法体系，直接影响着企业的实际财务管理活动。不同的财务管理目标会对企业财务管理运行机制产生不同的影响。因此，企业需要明确界定合理的财务管理目标，从而进一步优化企业的财务管理行为，实现财务管理活动的良性循环与发展。

二、企业财务管理目标的特征

（一）阶段性与层次递进性

企业财务管理目标的确定并不是一成不变的，企业的财务管理目标会随着企业规模和发展阶段的变化而变化。因此，财务管理目标具有一定的阶段性，表现在不同时期理论界的不同观点；而每一种观点在其特定的发展阶段都具有一定的科学合理性，并随着外部环境的变化而不断演进发展，因此财务管理目标具有一定的层次递进性。

（二）对企业目标的依从性

财务管理属于企业经济管理活动的一个重要组成部分，因此财务管理目标应依从于企业目标的确定与实现，企业财务管理目标与企业目标应具有一定的依从性。

目前，企业目标主要归结为生存、获利与发展，企业财务管理目标应依从于企业目标，最终实现企业的持续健康发展。

（三）相对稳定性

尽管企业在不同发展阶段的财务管理目标有所不同，但企业不能随意调整财务管理目标，需要保证财务管理目标的相对稳定性，否则企业将无法科学开展财务管理活动，达到预期的财务管理目标。这也是企业科学界定财务管理目标的重要意义所在。

（四）可操作性

目标具有一定的可操作性才能更好地达到实现目标的要求，因此企业财务管理目标的界定应具有一定的可操作性。现实中的财务管理目标可以有很多种，但并不是所有的财务管理目标都能够被理论界与实务界接受，关键在于其是否具有较好的可操作性。

三、企业财务管理目标具体类型的形式

（一）追求利润最大化

企业设立的目的就是赚钱，利润是企业的生命线。将利润最大化作为企业的财务管理目标，符合企业设立的基本目的。对于投资者和利益相关者来说，利润事关其根本利益，利润最大化对他们都是有利的。对于企业来说，利润是企业在竞争中求得生存和发展的基本条件，企业赚取的利润越多，表明企业发展经营得越好，抵御风险的能力越强，赚得越多越接近企业的发展目标。对于社会发展来说，企业赚取的利润越多表明企业为社会增加的财富越多，对社会的发展和进步是有利的。

（二）追求企业价值最大化

企业价值最大化管理目标是指企业采取最佳的财务政策，合理经营，充分发挥财务管理的作用，促进企业长期稳定发展，不断提高盈利能力，实现企业资产总价值最大。企业价值最大化是长远目标。它既考虑了投资者投资价值的变化，也考虑了短期利润中未能反映而又对企业长远发展影响深远的因素；既反映了股东对公司的期望，也反映了外部对公司的评价；同时还与财务管理的短期目标及整个社会的经济目标进行了较好的结合，赋予了企业生产经营和财务活动更广阔的视野，产生了更深远的影响。

（三）股东财富最大化管理目标

现代股份制企业是由若干处于竞争合作关系的股东按照契约关系形成的集合体，股东对企业投资，成为所有者，目的就是获取更大利益。股东都希望企业成功经营，实现自身利益，但由于利益需求不同存在竞争与对抗，使得企业财务管理很难具有一致的目标。但毕竟股东是企业的资本投入者，承担的风险最大，而且股东的利益相较于其他利益相关者是最后得到满足的，实现了股东利益最大化，事实上也就是保证了其他相关利益集团的利益。因此，在财务决策中，财务管理需要以股东利益最大化为目标。

（四）追求企业可持续发展能力最大化

企业可持续发展能力最大化目标要求企业财务管理要以人为本，同以物（利益）为中心的观念比较而言，更加注重人力资本投资，培育企业长期持续发展的能力，实现企业的可持续发展。企业可持续发展能力最大化不单纯是一个量的概念，同时具有潜在的获利能力的提高、职工生活质量的提高、社会生态环境的改善及资源的优化配置等多方面的含义。

四、企业财务管理目标的现实选择

按照现代企业理论的观点，企业是股东、债权人、管理层、职工等多边契约关系的总和。就企业的发展而言，股东、债权人、职工等都是企业的利益相关者，在整个契约关系中缺一不可。因此，仅考虑股东财富最大化容易导致企业忽略甚至侵害其他关系人的利益。

客观上来说，企业财富的增加会促进各相关者的利益得到较好的满足，而各利益方良好的合作关系也会更好地促进企业价值的提升，从而形成良好的互动，实现财务管理的良性循环。因此，企业应协调相关各方的利益，追求企业相关者利益最大化，进而提升企业的整体价值，实现企业的持续健康发展。

为了更好地发挥财务管理目标的导向作用，企业确定财务管理目标体系应注意以下问题：

（一）财务管理目标应有助于促进企业的发展

企业财务管理目标应能够有助于实现企业目标，促进企业的持续发展。企业要生存、获利和发展，就需要通过财务管理活动合理控制成本，提高收入水平，并尽可能地控制可能存在的风险，从而保证企业能够顺利开展经营活动，保持良好的发展势头。因此，随着企业外部和内部环境的变化，企业财务管理目标也应呈现一定的动态调整性，以顺应不同环境下企业发展目标的要求。

（二）明确界定财务管理总目标与分层次目标

企业财务管理目标具有一定的系统性，要求在界定总目标的基础上细化分层次目标，并保持一定的综合性和系统性。财务管理总目标界定为相关者利益最大化目标，在此基础上细化不同阶段的财务管理目标，并体现一定的递进关系和发展。如在企业初创阶段，财务管理的细分目标应着眼于合理安排资本结构，满足企业发展的资金需求并科学开展投资分析决策活动。

（三）综合衡量财务管理的近期目标和长远目标

财务管理目标体系应注重近期目标与长远目标的协调统一。具体来说，企业财务管理的长远目标是实现企业的持续健康良性发展，是一个财务管理活动的导向性目标；近期目标则根据企业实际生命周期和财务活动的特点进行确定，如降低财务风险、加强成本控制管理、提高投资报酬率等具体目标。

第三节　财务管理的基本原则

财务管理是企业经营与发展过程中的一项重要活动。在复杂的市场环境下，企业要想实现持续健康发展，就必须高度重视财务管理，通过部门职能的发挥来探索出一条科学且可持续的企业发展道路。在全面把握财务管理特殊性的基础上，探讨财务管理的基本原则，对企业的综合发展具有重要意义。

一、财务管理的特殊性分析

（一）不可简单性地节约支出

财务管理的特殊性之一就在于，不能够简单地将财务管理看作是节约支出的方式。受传统财务管理理念的影响，一般将财务成本核算看作财务管理，使得财务管理过程中相关管理人员普遍以节约支出作为财务管理的主要方式，试图通过此种方式来维护企业的经济效益。但在当前市场经济条件下，经济利润并不是唯一的财务管理目标。由于市场环境复杂并且具有动态化特征，无论是在产品价格方面还是在产品周转方面，都促进了节约支出向节支降耗转变，旨在维护企业的成本效益，从而改善财务管理成效。

（二）并非单一化的财务部门管理

当前财务管理中普遍存在重财务部门管理而轻部门协调联动的情况。实际上财务管理的特殊性就在于，其并不是单一化的财务部门管理，而是需要多个部门的协调配合，围绕战略目标出发，以信息技术为支持，落实财务管理，科学控制成本与风险，从而维护企业的收益。

（三）不可忽视其他管理工作

财务管理是一项重要的管理工作，但与此同时，不可忽视其他管理工作的协调性，这直接关系着企业价值的体现及战略目标的实现。对于企业来说，无论生产、营销还是质量管理，都是企业发展过程中的重要内容，要全面地把握企业发展的现实情况，在日常管理中实现财务管理与其他管理的协调配合，从整体上提升企业的财务管理水平。

二、财务管理的本质特征

从企业经营发展的现实情况来看，财务管理实际上就是一种资金运动，也可以称为一种价值运动。财务管理是以资金为对象所开展的筹集、运用与分配等活动，通过资本运作来提升价值，维护企业的综合效益。财务管理致力于实现利润最大化，确保实现股东的财富目标，促进企业价值不断增长，降低企业资金风险，并且为企业的持续健康发展提供有力支持。

三、财务管理的基本原则

（一）系统原则

落实财务管理要遵循系统原则，就是要立足企业发展的现实需求来开展综合分析，注重系统优化，围绕财务管理目标出发开展财务管理，确保财务管理系统的整体性，通过系统价值的发挥来为财务管理服务。

（二）弹性原则

在现代经济形势下，市场运行环境复杂导致财务管理面临着复杂的形势。企业要想逐步提升市场竞争能力，就必须遵循弹性原则开展财务管理，从而更好地应对市场变化，推动财务管理工作高效开展。

（三）货币时间价值原则

一般情况下，商品通过货币形式来展现价值。在现代市场经济条件下，商品的支配主要依靠货币来实现，从货币价值与商品支配的关系来看，现在货币价值与未来货币价值相比明显处于较高水平。对于企业来说，若想持续创造价值并获得收益，就必须落实财务管理，遵循货币时间价值原则，合理配置货币资金，要保证货币换算的准确性，就必须确保所换算的时间点是相对应的，从而确保财务管理工作能够得到规范开展。

（四）资金合理配置原则

资金是财务活动的核心和关键，无论是资金筹集、利用还是分配，都必须遵循合理配置的原则，这也是财务管理的基本原则，关系着企业的经营和发展。如果资金配置的科学性不足，就极易影响企业资金链的正常运转，严重情况下可能会导致企业无法购进材料与设备、无法偿还银行贷款等，这就会在一定程度上加剧企业财务风险，甚至会对企业的发展形成制约。对于企业财务管理来说，资金合理配置原则是一项基础性原则，能够实现资金的最大化利用，从而为企业的经营发展提供可靠的资金支持。

（五）收支平衡原则

企业经营过程中的收支，一般以财务指标和数据测算作为主要方式。面对复杂的市场环境，在确定收支平衡点之后，采取可行的财务管理方式，保证财务管理系统运行的稳定性与可靠性。在这一过程中，要注重收支平衡系统与风险预警系统的构建。在制订财务管理方案的基础上，要结合指标偏离情况建立修正方案，合理调整企业财务管理方式，促进企业经营战略的优化，为企业发展战略目标的实现奠定良好的基础。

（六）成本、效益、风险权衡原则

在现代市场经济环境下，成本、效益与风险都是企业财务管理过程中必须重视的内容，关系着企业的经济效益与运营风险。从现实情况来看，大部分企业都试图通过低成本与低风险来获得高效益，但实际上成本、效益与风险之间存在着密切的联系，只有当三者之间达到一种平衡状态时，才有助于财务管理目标的实现。也就是说，财务管理工作的开展，要明确相对固定的某种条件，围绕这一条件出发来优化配置资源，从而采取可行的财务管理策略。一般情况下，当风险一定时，通过财务管理来优化配置成本以获得较高的收益；当收益一定时，通过成本控制或者风险控制来推动企业持续经营发展。

通过以上研究可知，在企业可持续发展过程中，落实财务管理是必须的，这就必须对财务管理的特殊性形成正确的认知。在明确财务管理本质特征的基础上，遵循财务管理基本原则，有侧重点地落实财务管理，提升财务管理水平，切实提升企业市场竞争能力，促使企业更好地适应市场环境，逐步实现稳定有序发展。

第四节　财务管理的作用

随着市场经济的发展，企业之间的竞争越来越激烈，财务管理在企业中的地位也更加重要。在新的经济环境下，企业财务管理的内涵、功能和地位等都发生了深刻的变化。在新的市场环境下，企业对财务管理给出了新的定位。

一、制约财务在企业管理中的地位和作用的因素

（一）日常操作不规范，工作落实不到位

目前，很多企业的财务工作都存在各种问题，如科目滥用、信息失真、账目不清、手续简化等。更有私设小金库、虚假记载、不定期对库存现金进行盘点、会计凭证和账目核对不准、财务人员监管不力等问题，造成了账证不符、账实不符的现象。

（二）财务管理职责混乱

由于企业自身的原因，很多企业的财务监管人员不能独立行使自己的监督权，对企业财务工作中出现的种种问题，财务监管人员无法做到有效的监管，导致财务工作中的很多漏洞无法被发现和更正。财务监管人员监管不到位，管理人员管理不当，企业的财务管理职责混乱导致企业管理出现恶性循环。

（三）人员设置机构不合理

随着市场经济环境下经济知识的不断更新换代，很多企业在内部的机构设置上出现了问题，企业财务人员也缺乏相应的专业素养，并且理财观念滞后，缺乏一定的主动性和创新能力。

二、确立财务管理在企业管理中的中心地位

（一）盘活存量资产，处理沉淀资金，增强资金的流动性

目前我国企业资金闲置现象比较普遍，一方面是由于企业存在很多不用的材料和设备；另一方面是企业贷款较重，在资金的运用方面有待改善。针对这一问题，企业应当每年集中进行盘查，列出积压清单，及时列出报废资产，并尽可能地将报废资产转为货币资金。

（二）编制资金使用计划，加强资金平衡工作，充分发挥资金调度作用

一方面，企业为了维持正常的运作，要对资金进行合理分配。企业要采取适当的措施

进行资金的统一安排，根据任务的轻重缓急合理安排工作顺序。另一方面，企业要安排财务部门将各部门的用款计划进行呈报，确保资金的合理使用。

（三）人才管理是确立财务管理中心地位和作用的前提

人才是十分重要的发展动力。对于企业的财务管理而言，领导干部必须具备一定的财务管理素质，加强对财务管理相关知识的学习，如税收、金融、财务等法律法规，同时还要重视财务管理，积极参与财务管理活动。财务干部也要及时参与企业的经营管理和重大决策，不断学习财务管理理论知识，树立终身学习的理念。

随着市场经济的发展，企业财务管理的作用越来越重要。我国企业财务管理中存在着诸多问题，比如日常操作不规范、工作落实不到位、财务管理职责混乱等，企业应当通过盘活存量资产、处理沉淀资金、编制资金使用计划、重视人才管理等方式来加强企业的财务管理，让财务管理发挥更重要的作用，促进企业的持久发展。

三、财务管理在企业运营中的作用

（一）生产经营

随着我国市场竞争压力的增加，企业在生产经营过程中会遇到各种问题，其中成本的浪费和资金的流失对于企业而言是致命的，对财产风险的把控不足，会导致企业亏损或倒闭。财务管理在企业运营中具有风险掌控的作用，帮助企业进行风险分析和控制，提高企业在市场变化中的生存能力。财务管理不仅可以实现企业市场竞争中的财务风控能力，还能减少企业的投资成本，实现企业利润最大化，扩大企业的市场营销数量，提高生产销售总值。科学的财务管理方式，还能够提高资金的周转速度，通过借贷和运营的结合，为企业的市场竞争提供决策信息，强化企业资本结构的稳定性和合理性。财务管理能从根本上减轻企业资金上的困难和负担，通过专业的科学化成本分析计算，结合企业自身的现状，为企业进行合理的资本结构转化，降低财务风险，提供企业的总利润值，提高企业的科学决策能力。

（二）企业管理

财务管理不仅能提高企业的生产经营能力，提升企业的利润值，还能提高资金的利用率。企业的发展离不开资金的管理，在投资效益分析的过程中，如何通过财务管理将企业投资成本降到最低，是保障企业持续发展的关键。因此在财务管理部门，需要进行人员的评价考核，对其专业性进行考察，确保企业在财务管理中的专业化标准。在财务管理工作中要加强对财务人员的考核评定，建立完善的评价机制，对企业管理人员更要监督约束，加强对企业资金的管制，防止出现企业资金无故流失的现象。管理财务就是管理企业，财务是企业发展的命脉，因此加强企业的财务管理，实现企业资金成本控制的多元化管理，针对企业发展现状和市场变化进行资金投入，可以保证企业管理的健康稳定。

第六章 财务管理的意义

第一节 财务管理的理论结构分析

随着社会的发展，财务管理越来越受到人们的重视，在企业的管理和发展中发挥了很大的作用。财务管理的实体是先于财务管理理论发展的。我国的财务管理理论相较于其他国家出现得较晚，且不够健全，同时我国的财务管理实践需要科学化的财务管理理论指导，以规范财务管理人员的言行，促进我国财务管理的发展和进步。

一、财务管理理论结构概述

财务管理理论是在之前的财务管理实践的基础上进行归纳和总结，然后在实践中加以发展、再总结，得出系统化、科学化、合理化的财务管理指导思想，继而发展成为一套理论。财务管理理论可以使财务管理工作更具有科学性和有效性，以发挥财务管理工作的最大作用。财务管理理论结构是指财务管理包含的几个大方面，这几个大方面的重要性先后顺序，以及这样排序的标准。

二、我国财务管理理论结构研究的现状

我国财务管理理论结构，以财务管理环境为起点、财务管理假设为前提、财务管理导向为目标，是由财务管理的基本理论、财务管理的应用理论构成的理论结构。

（一）我国财务管理理论的内容不完整

我国财务管理理论主要是针对财务管理的对象、原则、方法等，对财务管理上的假设和目标实现管理的论述严重不足，缺乏财务管理的科学机制，财务管理人员缺乏系统的、科学的财务管理理论作为理论依据，我国企业也没有将财务管理纳入企业管理体系中，财务管理理论呈现出一派混乱的状态。

（二）我国财务管理理论的层次不明确

在我国财务管理理论结构中，只是对新出现在财务管理中的问题进行无条件的累加工作，并没有对其进行系统、科学的分类，这就无法明确财务管理理论结构中的要素，导致

财务管理理论结构的层次不明显、界定混淆，使得财务管理人员不能正确地对财务管理对象进行分类，降低了财务管理人员的工作效率。

（三）我国财务管理理论逻辑不严谨

科学、系统、合理的财务管理理论结构，能够使财务管理工作前后呼应，能够充分体现逻辑性、科学性，使财务管理工作具有明显的条理性。如果财务管理工作没有严谨的逻辑作为指导主线，就会大大减弱财务管理的作用，影响财务管理理论结构的发展。

三、财务管理理论结构的构建

（一）财务管理理论的基础

财务管理理论的基础，主要是指财务管理环境、财务管理假设、财务管理目标三者之间的关系和发展状况。财务管理环境是进行财务管理工作的逻辑起点，一切的财务管理工作都是围绕这个出发点开始的，也是以它为基础开展一切工作的；财务管理假设主要研究财务的主体以及市场投入产出之间的比例，是构建财务管理理论结构不可缺少的组成部分；财务管理目标是指开展财务管理工作将要达到的目标或者目的，是在财务管理环境和财务管理假设的基础上建立的，对涉及财务管理的业务具有导向作用。财务管理目标既是对财务管理环境和财务管理假设的总结，又可以指导财务管理工作的开展。目前，我国实行的市场经济使财务管理理论所承担的压力变大，要求财务管理理论能对市场经济下的资金进行合理的分配和支出，能够实现经济效益最大化。

（二）构建财务管理的基本理论

财务管理工作的开展需要遵循一定的原则和方法。财务管理的内容、财务管理的原则、财务管理的方法都是财务管理的基本理论，从这三个方面入手，可以保证财务管理理论的科学性和合理性。财务管理工作主要是针对企业筹资、投资、营运及分配等方面开展的。财务管理原则可以有效地约束财务管理工作的行为，可以使财务管理理论更加科学化、系统化。把财务管理的内容与财务管理的目标连接在一起，能够提高企业决策的有效性。

（三）建立财务管理通用业务理论

财务管理通用业务是指一般企业都具有的财务管理工作，属于比较大的范围。在财务管理通用业务中可以对企业的筹资、投资、营运等业务进行系统的总结和研究，可以指导财务管理向着正确的方向发展，可以为财务管理理论的建立提供强有力的事实依据，可以提高财务管理理论结构的科学性。财务管理理论结构的建立，实际上是为财务管理工作提供一个比较大的框架，任由财务管理工作者在这个框架里发挥，也为企业的财务管理中的资金支出情况做了系统分配，从而确保财务分配上存在一种"公平性"。

综上所述，财务管理理论结构为企业财务管理工作的开展提供了强有力的理论依据，同时财务管理理论结构的建立也受多因素的影响和制约。但财务管理理论在我国财务管理工作中具有很高的地位，因此要形成一套逻辑性强、科学化、系统化的财务管理理论，以确保我国财务工作开展的正确性和有效性。

第二节　财务管理的价值创造

财务管理是企业管理的重要组成部分，是实现企业价值最大化经营目标的重要手段。财务管理价值创造能力的水平越高，其在企业价值创造中的地位越高，为企业创造价值的效率和质量就越高，因此提升财务管理的价值创造能力，有助于其更好地发挥价值创造作用，意义重大。

一、财务管理的价值创造

财务管理的价值创造是通过一系列的财务管理活动，为企业创造价值，以期实现企业价值最大化。财务管理在企业价值创造过程中扮演着诸多角色，可以直接创造价值，可以支持辅助的方式间接创造价值，还可以保护企业现有价值不受损害。

（一）价值创造

财务管理可以通过多种方式来实现价值创造。一是通过投资、享受政府优惠补贴政策、开展理财活动等财务活动，直接为企业增加现金流或获取收益；二是通过统筹运用各项资源、集中管理资金、统一结售汇、税务筹划等方式，降低各项成本。

（二）价值促进

财务管理可以通过辅助支持企业的各项价值创造活动来促进企业价值的提升。一是通过预算管理，合理配置企业资源；二是通过评价考核、薪酬激励、奖励惩罚等措施的执行，促使企业价值创造机能有效运行；三是进行财务分析，供管理参考、为决策服务，协助各项价值创造活动有序高效地开展。

（三）价值保护

财务管理还可以采取财务措施保护企业价值不受损失。一是通过内部控制手段，防范企业潜在风险，实现企业价值保值；二是通过财务审计，规范企业财经秩序，防止企业价值受到损害。

二、财务管理的价值创造能力

（一）含义

价值创造能力是指创造企业价值的主观条件的总和，是实现企业价值最大化目标的能力。财务管理价值创造能力是指通过财务管理手段为企业创造价值的能力。

（二）影响因素

影响财务管理价值创造能力的因素包括以下几个方面：

（1）人员。财务管理工作具体是由财务管理人员执行的，财务管理人员的能力越强，财务管理工作更能实现其价值创造的目标。

（2）制度。制度体系的建立，使财务管理价值创造活动有制可循、有章可依，有利于规范其价值创造活动，提高价值创造工作的效率及质量。

（3）流程。完善、高效的流程，可以解决相关管理要素不能得到有效利用的闲置浪费问题，使管理有序，充分发挥财务管理的最大效率，为财务管理价值创造活动助力。

（4）方法。先进科学的管理方法能保证财务管理在价值创造活动中实现管理功能，保证其发挥应有的作用，因此财务管理方法对企业充分发挥财务管理的价值创造作用影响很大。

（5）环境。财务管理环境是指对企业财务活动产生影响的企业各种内部和外部的条件。企业的财务管理活动离不开财务管理环境，财务管理环境必然影响财务管理活动。

三、提升财务管理价值创造能力的几点建议

企业应围绕创造企业价值的目标，提升企业财务管理的价值创造能力。

（一）提升财务管理人员的价值创造能力

一是树立价值创造理念。只在形式上做财务管理工作是绝对不行的，必须将价值创造的理念深入参与财务管理的每一个人心中。财务管理人员首先应该改变自身理念，只有认同财务管理企业价值创造者的角色，才能真正通过意识和理念指导实践，以实现价值创造的目标。

二是提升财务管理人员的专业素质，培养企业所需的复合型人才。财务管理人员要学习并不断更新财务管理方面的政策和知识，提高业务素质；加强对企业业务、流程、部门架构等的了解，加强沟通与协作，储备较为全面的知识，以便更好地为企业价值创造机制服务。

（二）建立以价值创造为导向的财务管理制度体系

一是完善制度。在价值创造过程当中，想要让财务管理工作高效地创造价值，就必须将原有的财务管理制度进行梳理，从价值创造的角度对原有制度进行评估、修改及补充，将价值最大化的企业目标落实到相关制度中。

二是建立制度体系。以价值创造为导向的财务管理制度体系应分为三个层次，第一层是具有操作性的实施细则，第二层是具有指导意义的管理办法，最高层是财务管理的价值创造总纲领。

三是用文字记载。相关规章制度应以文字方式形成文件，确保制度的约束性、严肃性和引导性，使财务管理价值创造活动有所依据。

（三）改进财务管理流程

将财务管理与业务流程相结合，让财务部门和财务管理人员全面参与到整个价值链流程中，将管理措施融入企业的各生产经营环节，从价值创造的角度，帮助各业务部门、经营环节做出事前的预测规划、事中的监督控制、事后的评价等，实现企业价值链上的财务协同，为企业价值创造提供全面支持。

（四）应用现代管理方法

借助信息技术、互联网，可以增加沟通、及时获取相关政策制度、及时处理财务及经营信息、实现多维度数据统计等，有利于在提高财务管理价值创造活动效率的同时减少或避免差错，切实保证财务管理价值创造活动的质量。

根据企业实际，采用各类先进科学的管理方法。例如，财务分析中常用的杜邦财务分析法，从净资产收益率出发，对影响该指标的因素进行层层分解，通过这种财务分析方法帮助企业及时发现经营中存在的问题，更好地辅助企业创造价值。再如，预算管理实践中比较有代表性的全面预算管理法，以提升企业价值为目标，通过价值驱动因素配置企业资源，使低效资源加快流转，发挥资源使用效益，同时将价值管理导向贯穿预算管理的执行、分析与控制全过程，促使企业价值不断提升。

（五）营造财务管理价值创造的良好环境

形成财务管理的价值创造文化，充分发挥其应有的作用，创造并保持财务管理人员参与价值创造的良好内部环境。财务管理的价值创造文化是联系财务管理价值创造目标与财务管理人员的纽带，把从事财务管理的人员团结起来，形成巨大的向心力和凝聚力。这种从内心产生的效应，胜过任何规章制度和行政命令。

企业在提升自身财务管理价值创造能力的过程中，应关注提升的效果，对于未达到或偏离了原有目标的工作应及时调整，同时还应注意克服认知惰性，适时主动地根据企业的实际情况，对提升财务管理价值创造能力的方式、方法予以修正，只有这样才能真正地提升企业自身的财务管理价值创造能力，达到提升的目的，实现提升的效果。

第三节　财务管理环境变化对现代财务管理的影响

财务管理是企业发展中的重要内容，对企业平稳经营有着重要的意义和影响。在近几年的发展中，很多企业加强了对财务管理环境变化的分析与研究。一方面是由于财务管理水平与财务管理环境的变化有着密切的联系，需要相关管理团队能够对两者之间的关系进行深入的研究与探讨，从而为财务管理工作的开展提供可参考的依据；另一方面是由于传统老套的方式和理念已经不能满足现代企业财务管理的需要，如果不能及时创新与完善财务管理制度、理念以及模式等，就会影响企业的正常发展。

一、财务管理环境变化的内容

（一）企业发展模式方面

财务管理环境在变化的过程中，会在很大程度上引发企业发展模式的变化，而发展模式的变化不仅对企业核心的构建有着重要的影响，还对企业财务管理的开展有着重要影响。企业财务管理涉及很多方面的内容，如资金管理、预算控制及风险规避等，因此，当企业发展模式受到财务管理环境变化而发生改变的时候，企业财务管理部门就需要对这些内容进行重新部署与安排。只有通过这样的方式，才能进一步顺应企业发展模式变化的需要，给财务管理工作的开展提供有利的条件。

（二）金融全球化方面

金融全球化对企业投融资的开展有着重要的意义和影响，不仅为企业投融资提供了更多的选择机会，还间接地丰富了投融资的形式和内容。在财务管理环境变化的过程中，企业财务管理部门会根据金融全球化的发展现状对投融资环境做进一步的分析与研究。同时，还会对投融资中涉及的风险问题做进一步的控制和防范，从而确保投融资的安全，而财务管理工作的开展也会间接发生改变。

（三）经济信息化方面

随着经济的不断发展，国与国之间的交流和联系更加密切，经济全球化的趋势已经越演越烈。随着经济全球化的发展，以跨国服务和商品为主要经营对象的跨国公司也广泛兴起。跨国商品和服务的产品流通模式和形式，与传统经济有着很大的差别。经济技术也有很多的变化，急需财务管理模式采取相应的方式。而经济信息化的发展，是财务管理环境变化的重要部分，其以互联网技术和电子计算机技术为基础，通过信息的共享和技术的沟通，已经对经济运行模式产生了巨大的影响。

二、财务管理环境变化对现代财务管理的影响

（一）资产评估体系构建方面

资金的平稳运行对企业发展与财务管理工作的开展有着重要的意义，而资产评估体系的构建在很大程度上推进着财务管理水平的提升。很多企业在进行财务管理的过程中，会将重点内容放在知识资本的评估与管理方面。对于资产评估中存在的难点问题，相关管理团队也能根据实际情况，对相应的会计核算工作以及评估工作进行优化处理。

但是在实际资产评估的过程中，很多管理团队没有按照规范的计量模式或核算方法进行相应的工作。而这种情况的出现对资产评估的价值分析与评价有着一定的影响。在财务管理环境变化的引导下，相关管理团队能够进一步提高对资产评估的重视与研究，并根据

实际财务管理环境的变化情况，对企业现金流量计量及管理模式等进行优化，制定有利于企业财务管理的计价方式，推进资产评估体系的构建。

（二）财务管理网络优化方面

由于互联网时代的发展及电子计算机技术的推广，很多行业在发展过程中都会将先进的网络技术及电子技术等应用其中，在顺应时代发展需要的同时，促进行业的平稳发展。各企业的财务管理模式也会因受到财务管理环境变化的影响而发生改变，将网络技术及电子计算机技术应用到财务管理网络系统建设中，逐渐成为企业发展中的重要内容。合理应用网络及电子计算机技术，不仅能够有效地控制财务管理工作中存在的问题，还能进一步提高财务管理的质量与效率。

比如，财务管理过程中会涉及很多的数据和信息计算及核对工作，但是相关工作人员在计算和核对的过程中，可能受到某些因素的影响而出现问题。合理应用网络技术能够在很大程度上降低这类情况出现的概率，同时还能间接地提高信息核对及数据计算的准确性，为财务管理工作的开展提供有利条件。另外，对财务管理网络进行建设与优化，还能实现企业资源的合理配置，提高企业信息共享的效率和价值，对财务管理人员积极性的提升也有着重要的意义和影响，因此需要企业相关财务管理团队提高对网络建设的重视。

（三）财务管理内容变化方面

除了上述两点内容外，财务管理环境的变化还会对财务管理内容产生影响。由于各企业财务管理的效率和质量会随着国家经济环境的变化而变化，企业要想保证财务管理工作的顺利开展，就得要求财务管理相关团队根据经济环境的实际变化情况，对相应的财务管理内容进行更新与优化。

财务管理环境的变化与经济全球化的发展有着密切的联系。近年来，随着很多大型跨国公司的出现，相关的投融资行为也成为普遍现象。而投融资模式的出现，不仅间接地提高了企业的经济水平及筹资效率，还带动了计算机技术的应用与推广。投融资方法变得多样化，财务管理内容也变得充实起来。

另外，在财务管理内容发生变化的同时，一些跨国公司还会将新型的投资方式应用到实际工作中，这不仅给企业发展提供了更多可参考的依据，还间接地促进了企业财务管理模式的创新与升级。虽然企业财务管理会受一些因素的影响而出现风险问题，导致投资效率下降，但是，财务管理内容在改变的过程中，会间接地优化企业受益模式和管理内容，能够在一定程度上规避风险、提高财务管理质量，对企业经济水平的提升有着重要的意义和影响。

（四）财务管理理念革新方面

在经济全球化、金融全球化、信息化、知识资本化等经济环境的影响下，财务制度也应当从财务管理理念、财务管理内容、评估系统的构建、电子网络系统的构建等方面进行适当的调整和革新，以适应日益变化发展的经济形势，提高财务管理效率。财务管理环境主要包括经济全球化、电子商务化、企业核心重建等部分，面对这些环境的变化，财务管理也必然要做出一些调整，以适应大环境的发展。

受当前财务环境变化的影响，现代财务管理必须适时进行变革和创新。首先，在财务理念和理论构建上，应当重视工业经济和知识经济的全面发展，使其在保证经济增长的基础上，还能从技术层面和资金管理层面实现对企业财务管理的优化。也就是在传统财务管理工作的基础上，优化资金使用效率和风险规避制度，确保企业管理者能够正确地决策和投资。

其次，企业应当积极促进财务管理创新。因为企业财务管理工作的目标是发挥资金的最大效用，并且能够最大限度地降低风险。而企业人员关系的协调和生产能力的激发又能够从根本上提高企业的效益，所以在财务管理上，应当将人员关系优化与财务创新相结合，在优化人员管理制度的基础上实现财务关系的协调和创新。

三、财务管理的未来发展趋势

（一）财务理论和关系创新发展

为适应经济发展形势，企业在进行生产经营过程中必须具备稳固的理论基础，以适应社会信息化发展，紧跟知识型经济发展步伐，以更好地适应财务管理环境的变化，提高企业的适应性和灵活性，保证企业财务管理工作的有效实施。随着环境的变化，财务管理的目标也发生了一定的变化，由实现股东财富最大化转向企业价值最大化，以保证企业各个相关者的利益。财务管理的关系也发生了一定的变化，更加侧重于企业内部的管理，注重企业内部员工关系的维护，以营造和谐稳定的内部环境。

（二）筹资和投资丰富化

随着经济全球化的发展，金融工具更加丰富，企业在筹资和投资决策方面有了更多的选择，企业的决策能力得到提高。网上融资模式的出现，为企业融资提供了一定的便利，使融资领域得到扩展，为企业提供了更加广泛的渠道，以实现企业内部资源的合理配置，提高企业的总体竞争能力。筹资和投资方面的变化，为企业合理利用资金提供了机会，以降低企业出现资金短缺的可能，保证企业内部资金的流动性。

（三）受益分配合理化

实现利益最大化是企业存在的根本目标，合理分配收益是企业稳定运行的关键，知识经济的发展使知识成为企业进行利益分配的一项依据。对于物质资本提供者来说，主要以资本所有权为依据进行分配。知识创造者在领取基本工资的同时，可以依据对知识资本的创造参与利益分配，获取相应的收益。

（四）预算评价体系专业化

财务管理工作离不开财务预算，各种报表是企业高层管理者进行决策的基本依据。因此，一个公平合理的预算管理体系对于财务管理工作至关重要，通过准确的数据分析，能够真实地反映企业的运营状况，合理预测企业的偿债能力、盈利能力及市场表现情况等。按照预算考核结果进行奖惩，能够更好地推动建设合理有效的预算体系，保证预算体系具有专业性，实现企业的可持续发展。

　　随着经济形势的转变，财务管理的环境发生了一定变化，这对财务管理工作提出了更高的要求，使得财务管理的内容和对象不断扩大。为提高企业的核心竞争力，稳定企业在市场中的地位，必须结合市场行情和经济形势对财务管理进行创新，在理论结合实践的基础上改进财务管理工作，提高财务管理的灵活性，以更好地适应财务管理环境的变化，从不同的角度满足企业发展的需要，促进企业更好更快地发展，实现企业经济利益的提高，达到企业的总体目标。

第七章 财务管理的基本组成

第一节 精细化财务管理

随着社会经济的快速发展与进步，经济全球化的发展趋势变得更加显著，各个行业之间的竞争水平出现了较大的改变，交流变得更为畅通。但同时，这也使我国各个行业之间的竞争压力变得空前之大，出现了各种各样的问题。针对这些问题，我国从政府层面不断制定改革措施，从企业层面不断深化改革，从而为企业的快速和可持续发展提供强有力的保障措施。本节从精细化管理的角度，重点阐述了提高企业精细化财务管理的具体对策，旨在促进企业可持续发展。

一、企业精细化财务管理的基本内涵

企业精细化财务管理，主要指的是将企业财务管理工作细分，促使企业财务管理水平显著提升、财务管理工作效率和质量显著提高，最终为提高企业经济效益服务。一般来说，企业采用精细化财务管理工作，不仅仅是将财务管理的相关内容和数据进行细分，还要提高企业的资金使用效率。通过开展精细化财务管理工作，不仅能够很好地促使企业财务管理水平显著提高，还能够促使企业良性发展和运营。该模式是目前很多企业首选的一个财务管理模式。

二、当前企业精细化财务管理工作中存在的问题分析

虽然目前很多企业均意识到了财务管理对自身发展的重要价值，但是依然存在多方面的问题。

（一）精细化财务管理意识十分淡薄

在企业发展过程当中，若要实现财务管理，就应该强化企业自身的财务管理意识，强化企业内部的协作与沟通，从而提高财务管理水平。然而，在实际过程中，企业的财务管理意识十分淡薄，并未构建一整套完善的财务管理制度与体系，并且财务管理体系的构建仅仅是一种表面化的工作，并未落到实处。

（二）精细化财务管理相关资料及数据的真实度较低

在开展财务管理的过程当中，财务预算是一项十分重要的内容，若不能有效地开展财务预算管理工作或者财务预算信息不合理、不规范、不真实，那么就很难提高财务管理水平，也就很难达到理想的管理效果。当前，有相当一部分企业仍然使用传统的人工预算方法，使得预算结果的真实性受到了非常大的影响，所得的数据也不够真实和科学，难以为企业管理层的决策提供有效的依据。

（三）未构建完善和健全的财务预算管理体系

企业若要更好、更高效地开展财务预算管理工作，离不开合理有效的监督机制，因为它是财务预算管理体制不断优化和走向成熟的一个必然路径。当前，某些企业在经费使用方面，存在随意性强及规范性弱等缺陷，究其根源，主要是由于某些企业过于追求社会效益，而对经济效益完全忽略。此外，很多企业内部并未设置专业化的财务预算监督机构，并未构建一套完整的财务预算监管体系。

（四）财务管理监督机制严重匮乏

当前，我国很大一部分企业财务管理中的财务核算监督职能没有起到显著的作用，企业财务管理工作受多方面因素的影响。财务核算监督机构不能正常发挥应有效果的原因主要包括两方面：①企业不能对自身的财务管理进行规范化的管理，导致其自身的职能水平欠缺；②企业财务机构中的工作人员素质普遍较低，职业道德素养也不高，更有甚者，在财务管理监督意识方面十分缺乏。

（五）财务管理在企业各项管理中的平衡地位被完全打破

当前，有很大数量的企业管理者对财务管理的认识存在较大的误区，很多管理者只是简单地认为财务工作就是记账、算账，只重视如何处理财务报表、如何应对银行等相关部门的财务业务方面的工作，根本没有从本质上深入地了解及把握企业内部资源的优化配置。那么，财务管理真正的内涵及具体的职能也就无法充分地发挥出来，企业财务管理方面的工作受到极大的影响。

企业在现今快速发展的时代正面临着各种各样的挑战，同时企业自身也存在着诸多的问题，因而，对于企业的发展来说，精细化财务管理能够使企业稳定地发展，通过不断提升财务管理水平，使企业管理实现可持续发展。

三、精细化财务管理的特色

企业财务管理不仅仅是将管理工作进行得更为细致与精确，还需要有相应的思路及方向，才能让管理质量有所提高，企业运营效果与利润提升。企业要从多方面着手，既要认真执行，也要重视效率，进而实现精细化财务管理的目标。

（一）制度精细化

财务管理制度精细化，指的是财务管理工作的具体实施更具规范性，进而达到精细化的管理，企业需要根据自身的实际情况对财务部门的制度加以严格的修正，将各个条款逐一细致化，使其在制度建设中有相应的原则，细化和完善各类财务管理制度，防止制度执行力不高与制度模糊化等问题的产生。

（二）流程精细化

财务管理流程精细化，能够进一步整理及完善管理流程，流程精细化对于财务管理工作效率的提升有着重要作用。企业需要加强细化财务预算，将各个系统依据预算执行的费用项目整体纳入预算管理之中，并且分散于各处且具体落实于人，依据相应的内部控制以及高效率工作的准则，进一步规范财务管理流程，逐步细化各项业务层面的具体操作规则，使得财务人员可以将全部重心转移到财务数据分析上，财务流程精细化能够进一步有序地进行。

（三）质量精细化

财务管理质量精细化，能够对财务管理工作加以监督并进行决策上的支持。要加强贯彻与执行国家及企业的财政政策与法规，全面、认真地将企业的财务状况进行反馈，注重细节，完善信息，增加信息的可利用价值，强化对资金的监管与控制，保证资金的安全性，将财务核算模式加以转变，形成一体化的财务管理方式，在组织上确保预算体系得以正常进行。

（四）服务精细化

财务人员需要具备财务服务精细化的理念，在一定时间内进入基层部门了解实际情况，努力做好资产管理方面的工作，加强与各个部门之间的沟通和协商，将信息的反馈速度加以提升，形成良好的互动关系，进而使得各类活动有凭据和依靠。

四、精细化财务管理的实施方法

（一）企业内部实施成本预算管理

成本预算管理是将企业年度资产经营考核目标利润作为具体的依据，将企业年度预测的各项数据作为已知变量，计算出企业年度总体的预算收入，进而推算出企业年度需要控制的费用。优质的成本预算管理，应该先具体落实成本预算，将实际成本费用的核算时间划分为月度、季度与年度三种，同时将相对应的企业财务报表作为成本费用控制的依据，同时，还需要将其和各个部门的成本预算加以对比，采取具体的方案加以解决。

（二）认真落实精细化管理

将促进经济效益的提高作为主要的目标，使精细化管理得以落实。第一，在安全管理方面，实行安全生产责任制，制定具体的安全管理方案及准则，使得各项条款更为精细及确定，将安全责任加以着重划分，确保责任目标得以具体落实。第二，对于企业的管理制度来说，应充分发挥综合管理的作用，逐步改善企业中的预算管理、资产管理及精细化管理制度。第三，在企业资产经营方面，实施目标责任制，所有的工作人员都应形成良好的成本管理意识，将企业经营的总体目标细化于各个部门。第四，将成本预算与薪酬考核结合起来，同时将精细化管理目标达到的效果作为薪酬考核的内容之一。第五，对于企业预算资金的运用，需要以月度计划的方式进行控制，保证企业资金在可以控制的范围内。第六，给企业成本管理设立细致的标准，企业成本管理的目标及责任加以细化。第七，逐步改善企业内部审计制度，实施严谨且规范化的管理，降低企业的经营风险。第八，建立健全有效的企业实物资产管理制度及措施，进一步深化精细化财务管理的内容。

综上所述，精细化财务管理具备独有的特色，对于企业发展具有重大的价值；同时，需要运用精细化财务管理的方法，使企业的管理水平提高，使企业自身能够蓬勃发展、蒸蒸日上。

第二节 财务管理中的内控管理

内控管理能直接影响财务管理，所以当代企业都非常重视内控管理。一个好的内控管理方法能对企业的运营起到积极作用，不但能减少企业运行成本，还可降低生产成本，既能保障企业的资产安全，又能有效地为企业降低财务管理风险，为企业管理层提供可行的财务数据，有利于更好地发挥内控管理的作用。

一、内控管理对财务管理的作用

市场经济的发展需要企业完善内控管理工作，预防在经营过程中出现危机。企业内控管理措施的执行与财务管理工作是息息相关的，直接影响着企业的经济效益。虽然现在不少企业领导层都开始重视内控管理，但还是有少数企业领导并不重视内控管理，对财务管理工作也没有起到监督作用。其实，内控管理对财务管理有着非常重要的作用。

（一）有利于保护企业资产

内控管理能有效地保护企业资产安全，使企业健康发展，因为内控管理人员需将企业的全部财产进行核查与控制，并清楚企业的每一笔资金流动，所以能确保财产安全，避免企业出现挪用公款的情况。企业财务管理部门根据企业现状拟定相关管理制度，并对物资处理进行详细规定，这样能提升企业财务管理方面的专业水平。同时，也能有效地防止贪污现象，使企业在正常运营下提高外部竞争力。

（二）提高财务信息的真实性

内控管理能提高企业财务信息的真实与可靠性，完善企业内控管理制度对财务管理有着重要影响，因此要拟订详细的财务信息处理方法与控制方案，比如将财务信息资料进行审核复查，经过内控管理完成企业财务信息的校对，以及时发现财务管理中的问题，从而及时改正，有利于降低资产损失，财务信息越真实越有利于企业财务管理的发展。

（三）企业经济效益得以提高

完善内控管理是提高企业经济效益的有效方法，加强内控管理并发挥内控管理在经营管理中的作用，能够提高企业的财务管理水平。建立完善的企业内控制度能充分利用内控管理制度的资金调节作用，使资金使用的合理性得以提升，并有利于加强企业发展的自我约束力。

2008年我国发布的《企业内部控制基本规范》，是我国企业内部规范管理体系中的重要内容。各大企业都需要不断完善自身的内部控制管理体系，这样才能更好地促进企业的发展。现阶段，我国大多数企业的内部控制体系已经得到全面发展，广泛覆盖各个生产经营阶段，并且涉及中小型企业的所有层面。企业内部控制的主要内容在于控制环境、识别和评估风险、控制企业决策及经济活动等，此外还能起到沟通与反馈信息、评价和监督的作用。企业在发展期间建立内部控制制度的必要性主要体现在国家层面和企业层面，首先国家对于内部控制实行了相关规定，企业发展期间也需要内部控制制度的规范，企业不断完善自身内部控制可以在较大程度上提高企业的效益和工作效率，能够有效地避免企业在经营期间出现的管理风险及舞弊行为等。企业管理人员根据实际发展情况，全面建设企业内部环境，在此基础上建立控制规范和约束机制，进一步加强企业内部控制的实效性，评价自身的内部控制制度。

二、内部控制在财务管理中的范围

财务管理内部控制主要是系统地整合企业各个财务活动与生产经营活动，并且通过财务方式将企业的各个部门有效联系起来，这样有助于企业管理人员进行科学的经营决策，有效监督和约束企业各个层次的财务活动。实行内部控制机制，可以在较大程度上提高企业的经营管理效率，实现最大化的资产收益。企业内部控制的科学性和实效性可以帮助企业做好财务预判，降低运营风险。此外，内部控制机制也能够帮助企业控制和管理企业资金，全面发挥资金的价值，为提高企业的经济效益提供良好的发展动力和经济基础，进一步提升企业的市场竞争力。

（一）内部控制是控制机制的重要组成部分

在企业控制机制中，内部控制机制属于重要组成部分，主要表现在以下方面：第一，结构控制体系。该体系是在"二权分立"的基础上发展的，能够全面展现代理与委托之间的关系，利用合法措施确保企业可以顺利开展企业的内部控制，这样可以确保投资者的效益。第二，管理控制体系。该体系存在较多的形式，主要包括定期换岗制度、员工道德素质培养、预算控制及内部监督制度等，这将在较大程度上影响代理人责任的成功性。第三，会计控制体系。该体系也可以称为核算控制，根据控制内容的差异性，可以实物控制、纪律控制及基本控制等，基本控制可以从根本上确保会计控制。

（二）内部控制保障资金安全

建立企业内部控制能够全面保障企业的财产安全。其一，内部控制可以加强控制企业的流动资金，全面保障流动资金的安全运行。在部分企业发展期间存在较大的货物流动性，并且会涉及较多的环节，这就需要不断规范内部控制，避免出现安全问题。其二，企业内部控制能够保护固定资产和长期资产，按照企业的实际发展状况调整财产，并且安全地传输资产信息，使企业在外部投资期间可以正确认识自身情况。

（三）内部控制降低企业经营风险

企业建立内部控制，有助于企业领导层面获取企业发展的最新信息，并做出正确的决策，全面降低企业的经营风险，促进企业实现发展目标，建立企业文化。内部控制制度能够给企业管理人员提供最新的财务信息和经营信息，之后按照企业的实际发展方向做出判断，以此适应市场发展规律，降低外部环境对企业的影响程度。

（四）内部控制是企业发展的必然要求

随着市场经济的不断发展，企业需要全面进行改革创新，为了适应企业的发展，需要借助内部控制制度的作用。这样不仅可以改善企业的外部环境，还能够改进微观机制。在实行内部控制制度时，不仅需要全面学习企业内部控制理论和发展经验，还需要正确认识企业进步、企业发展及企业管理之间的关系。企业在该发展背景之下，为了提升自身发展水平，需要全面建立内部控制机制。

（五）提升企业财政管理水平，适应财政改革发展

长期以来，我国一直在不断深化财税体制改革，提升财政管理水平。现阶段出现了较多的关于财政改革的政策措施及管理制度，全面落实了财政改革与管理，但是这也相应带来了较多弊端。有部分财政政策在建立实施过程中缺乏充足的时间，导致很多政策没有经过论证就开始践行，造成很多问题，并且，业务流程及相关管理措施没有进行全面系统的考虑在一定程度上呈现碎片化的特点，严重的会造成财政政策与实际工作情况出现脱节或者自相矛盾的情况，降低了财政管理部门的工作效率。所以，在进行财政管理内部控制建设工作时，要细化各项工作流程、优化管理业务，这样才能从根本上提升财政管理的工作效率及工作质量，早一步实现现代化的财政管理制度。

三、财务管理过程中的内控管理措施

内控管理是企业财务管理的核心,在这个竞争压力如此大的市场环境中,企业若没有一个好的内控管理制度,企业内部竞争力就会不断下降,会对外部竞争造成直接影响,所以,企业必须加强内控管理,提升财务管理水平。

(一)建立完善的财务管理内控制度

企业在财务管理内控方面应注意以下几点:①财务管理过程应与互相制约的制度进行融合,完善以防范为主的监督制度。②设置事后监督制度,在会计部门的会计核算部分对各个部分展开不定时检查工作,并进行评价,再依照相关制度展开不同的奖惩,并把最后的结果反馈给财务部负责人。③以现有的审计部门作为基础,建立一个完全独立的审计委员会,审计委员会可以通过举报、监督等方式对会计部门采取监督控制。

(二)提高企业财务人员的职业规范素养,完善内控管理

财务管理制度需要有人执行,从而就会受工作人员职业素养的影响,因此,企业领导者应带领工作人员严格遵守内控管理制度,加强对会计人员的专业知识培训,提升其专业水平,并对会计人员进行职业道德教育,增强会计人员的自我约束能力,以严格按照企业的规章制度行事,提升工作能力,降低错误发生率,做好内控管理工作。

(三)加强内部审计监督

内部审计监督是企业财务管理控制的重要组成部分,有着不可动摇的地位,是内部监督的主要监管方法,尤其是在当代企业管理中,内部审计人员将面临新的职责。企业应建立完善的审计机构,充分发挥审计人员的作用,为企业的内控管理营造一个良好的环境。

(四)加强社会舆论的监督

现在,我国有些企业财务部门对会计的管控制度还不够完善,相关管理人员的业务能力与职业素养还需进一步提高,仅仅依靠会计人员的自觉性与政府的监督是不够的。所以,政府应大力推进会计事业的发展,积极利用其职责发挥社会监督作用,发展与完善内控管理制度,使市场经济秩序稳定发展。

(五)重视内控管理流程

资金管理是企业财务管理中最重要的内容,企业需对资金使用情况进行严格的审批管理,使资金管理更具有合法性。例如固定资产管理,财务部门可派专门人员对其进行单独管理,对某一项目进行资产管理时,企业应对其预算有严格的审批,只有建立标准的额定费用使用机制,企业资金才能发挥最大的作用,才能保证周转速度等指标的正常。

综上所述,内控管理在企业财务管理中非常重要,这种重要性不仅体现在经营方面,还体现在企业资金应用方面。在优胜劣汰的市场竞争环境中,企业必须加强内控管理制度,以保证企业资金安全,有效降低财务管理风险。

第三节 PPP 项目的财务管理

随着经济的快速发展，社会公共基础设施的建设也在不断加强，而 PPP 模式的应用能够有效地促进基础设施建设，同时又能带动社会资本的发展，因而这种政府与企业合作共赢的模式得到了广泛的应用。不过目前由于应用时间不长，应用过程中常会出现一些问题，只有通过分析目前所存在的问题，并不断完善，才能促进 PPP 模式有效发展。

一、PPP 模式的定义

PPP 模式，即 Public Private Partnership 的缩写，它是指政府与私人组织之间，为了合作建设城市基础设施项目，或是为了提供某种公共物品和服务，以特许权协议为基础，彼此之间形成一种伙伴式的合作关系，并通过签署合同来明确双方的权利和义务，以确保合作的顺利完成，最终使合作各方达到比预期单独行动更为有利的结果。

二、PPP 项目的特点

PPP 项目是由政府与社会资本合作开展的，不过两者的目的是有区别的，社会资本的主要目的是通过项目来获取利益，而政府的主要目的是完成基础设施建设、带动社会发展。目的不同就会对项目的实施过程造成一定影响，而通过签订合理的合同可以对社会资本、政府相关行为进行约束，进而保证项目开展过程正常化。社会资本在保证利益最大化的情况下不能对项目公益性造成影响，同时政府在保证公益性的情况下不能对社会资本的利益造成损害，这是一种保护双方共同利益的特点。双方由于社会角色的不同，掌握的资源也不同，社会资本主要掌握着经营管理资源及先进技术资源等，而政府则掌握着行政方面的资源。因此，资源共享才能促进项目建设的效率和质量的提高，这是一种资源共享特点。在 PPP 项目计划和启动阶段，均是以政府部门为主导进行相关研究和分析，社会资本也可参与前期研究分析，在项目实施后两者共同管理，在共同管理中社会资本需与政府多个部门交流合作，表现出一种合作关系复杂的特点。

三、PPP 项目中的财务管理问题

（一）项目中的资金管理问题

现在我国的 PPP 管理模式中，项目资金的管理力度较弱，主要存在会计核算不准确的问题，还有一些社会账本模糊的问题，项目资金经常不能拨付到位，因此资金使用效率低下。

（二）财务预算过程中执行不到位问题

预算管理是企业进行财务管理的主要内容，进行预算管理使工作职能得以实现，可以对项目资金进行科学管理与使用。在 PPP 财务管理中经常会出现财务管理缺失的问题，有的企业还在使用传统预算管理，对新预算法没有彻底执行。同时，还有一些企业执行了新预算法，但是相关制度却没有落实，预算管理口径不统一，因此建设进程中要进行准确的预算管理。

（三）财务内部控制缺失的问题

PPP 项目在管理过程中会出现制度不完善与企业控制不到位的问题，这也是项目获得收益的重要障碍。内部控制缺乏就无法对项目进行有效的控制，同时部分项目中还有政府资金，体现出建设成本控制缺乏高度重视，项目中的成本管理没有起到应有的作用。项目企业在正常管理中方式较为粗放，内部控制制度没有受到足够的重视，这些都是较为普遍的问题。企业对内部管理的认识不足，片面地认为内部控制是为了对企业生产建设成本进行压缩，同时也存在将内部控制等同于财务建设的问题。这些问题都在制约内部控制工作的进行。

（四）融资投资管理问题

在 PPP 模式下，政府投入的财政资金相对较少，很多资金都是政府依靠社会进行融资的。融资过程中社会资金的费用相对较高、支出较大，但是我国暂时还没有形成良好的担保体系，融资管理体系不健全。PPP 项目都是一些较大的项目，涉及范围较广，这样便会产生社会资本断链或者资金收回不理想的风险。

（五）风险管理问题

很多地方政府都存在盲目建设的问题，社会资本追求短期利益。这时便会出现一些不适合进行 PPP 的项目也在使用这样的方法，没有在前期进行完整的风险预测，整个实施过程中也没有进行风险控制，导致后期出现严重亏损，这样便会出现资金紧张与违约风险提高等问题。

四、PPP 模式下的项目管理、财务管理策略

（一）建立完善的风险识别与控制体系

PPP 项目在建设过程中存在着多主体的问题，因此在使用这种方式的时候，一定要加强风险共担思想。政府与投资公司要承担一定的政治风险与管理风险以及收入较低的风险；建设单位要承担起运行移交风险；同时两者还要共同承担起自然灾害跟市场经济等这些不可抵抗的风险。在整个 PPP 项目中各个参与方都是风险共同体，所以在合作的时候要时刻关注自己的风险，使自己的风险降到最低，也可以建立起风险共同承担的机制，使用各种创新办法实现风险化解。

（二）努力加强预算管理与资金控制

在项目投资前一定要进行相关分析，建立起完善的预算管理制度，同时要依据资金、人员以及材料设备等各种因素对项目进行全面筹划。使用先进的投资财务管理模式进行科学计算与投资回报计算可以加强资金管理控制、制定合理的投资比例。

（三）加强成本控制

一般 PPP 项目中的建设时间较长，回报率较低，建好之后相关的运行维护成本较高，因此在进行项目管理的时候可以对成本进行科学规划与控制。最重要的是对总成本与经营过程中的成本进行估算，确定合理的单位成本折旧年限以及总生产费用、销售费用等。使用各种途径对项目的运行成本进行控制，同时还可以依照营业额与收入进行投入与回报比的计算，用这样的方式可以确定合理的投资回收期、动态回收期及财务内部报酬率等相关指标。

（四）加强财务分析，完善定价制度

参与的各个单位一定要不断调整好财务管理上的目标差异，逐渐统一管理目标，这样才可以实现资源的价值最大化与效益最高化。资产定价制度要逐渐完善，财务分析也要加强，还可以实行定价机制的监管，将与社会物价有关的指标进行对比，使用市场手段不断进行调节。这样才可以防止社会资本对公共利益造成损伤，严格防止资本的趋利性，从根本上保护好建设项目的经济效益与社会资本的收益。

PPP 模式被很多部门使用，政府与民间资本的合作，可以使企业的财务制度不断完善，提高项目的财务管理效率，同时让企业的决策更加科学。在这种模式下，政府也对相关的民间资本进行一定的支持，在法律层面上进行肯定，这样才可以促进企业与政府间的合作，保证 PPP 模式为更多的项目提供更好的支持，也为经济发展提供充足的动力。

第四节　跨境电商的财务管理

伴随着互联网技术的飞速发展和经济的全球化，我国跨境电商产业迅速崛起。截至 2016 年年底，中国跨境电商产业交易额已经超过 6 万亿元，年均复合增长率超过 30%。跨境电商产业在传统外贸整体不景气的经济环境下依然强势增长，本节在此背景下阐述了财务管理对于跨境电商运营的重要意义，并分析了跨境电商企业在财务管理方面面临的问题，如会计核算工作不规范、缺少成熟的跨境电商财务 ERP 系统，以及跨境电商税务问题等，并针对跨境电商财务管理面临的问题提出相应的财务管理提升方案，从而促进跨境电商企业财务管理的不断完善。

一、财务管理对跨境电商运营的重要意义

随着跨境电商爆发式的发展，跨境电商的财务管理也备受关注，由于跨境电商行业的特殊性，其财务管理与传统的财务管理相比存在较大的差异，对跨境电商环境下的企业财务管理人员提出了新的要求。现行大部分的跨境电商都是小企业，对于财务管理人员的配备与资金支持都比较有限，因此跨境电商的财务管理水平还有待提升。财务管理是跨境电商运营的关键事项，重视跨境电商的财务管理实践，针对跨境电商环境下财务管理工作面临的具体问题进行分析，并制定相应的、有效的解决措施，逐步优化、提升跨境电商的财务管理工作，对于促进整个跨境电商行业的发展具有重要的意义。

二、跨境电商在财务管理上的问题

会计核算是财务管理最基础的环节，只有会计核算才能保证其准确性与及时性，后续的财务分析与财务管理各环节才能有效且有意义地进行。目前跨境电商会计核算主要存在账务处理不够规范的问题。部分跨境电商可以申报出口退税，小规模纳税人自营和委托出口货物可以免征增值税和消费税。但是很多跨境电商企业是中小企业甚至是个人商户，采购商品时直接使用现金，没有发票，不满足税法规定的出口退税条件。相关调查显示，93%的跨境电商没有办理外贸经营权备案登记，也没有结汇水单，甚至没有发票。因此，跨境电商行业的特殊性对现行的税法制度在监管和征收层面都带来一定程度的冲击，使跨境电商很难实现自身享有的权益。

三、基于跨境电商的网络财务管理发展建议

（一）风险意识的树立是网络财务管理优化的重要前提

风险意识不足是导致跨境电商陷入网络财务管理困境的重要因素之一。要想保证网络财务管理优势的充分发挥，降低网络财务管理风险的不利影响，跨境电商应树立风险意识，认识到财务管理中风险管理的重要性，从而根据自身的实际情况建立风险评估体系或与风险评估机构建立合作，对自身发展过程中存在的风险进行评估与预测，并有针对性地制订网络财务管理方案与财务风险防控举措，保证各项业务开展的顺利性、稳定性与安全性。

（二）政府扶持力度的提升是网络财务管理优化的手段

由于跨境电商业务流程存在一定的复杂性，不仅与外管部门、金融机构等存在关联，与税务机构、海关部门也存在密切的关联。而就跨境电子商务的网络财务管理模式而言，其交易方式、支付形式等与传统对外贸易存在一定的差异。对此，政府应根据跨境电子商务及其网络财务管理特征，完善相关制度与法律规定，并加大对跨境电商的扶持力度。例如，建立跨境电商监控机构，对跨境电商业务流程进行有效监管，提升消费者对跨境电商

发展的信心；优化跨境电商出口退税程序，给予跨境电商企业相应的对外贸易政策优惠；提升跨境电商会计与财务工作效果，提升跨境电商网络财务管理中会计核算的标准与规范。

（三）网络财务管理系统的构建是财务管理优化的根本

为实现网络财务管理自身优势的充分发挥，如提升企业管理质量与效率，提升企业财务管理工作的协调性、员工参与性，实现经济活动、财务情况的实时动态管理等，应建立完善的网络财务管理系统。在此过程中，应对跨境电商的性质、业务流程等进行全面的分析，从而进行网络财务系统的科学设计，并结合企业实际情况配置相应的软件系统，以保证网络财务管理系统应用的科学性与适用性。

（四）高素质专业化人才的培养是财务管理优化的必需

人才作为企业的核心资源，其能力、知识水平的高低直接影响着网络财务管理的质量与效率。因此，为有效地改善当前跨境电商财务管理面临的困境，提升网络财务管理质量与水平，加强高素质、专业化人才的培养力度已经成为企业实现可持续发展的必然趋势。在此过程中，企业应根据跨境电商的财务管理特点以及网络财务管理系统建设与应用要求，进行有针对性地培养，除提升工作人员财务与会计专业知识外，还要注重其信息素养、计算机素养、网络财务管理系统操作与使用能力等的提升与强化，为跨境电商的优化发展奠定良好的人才基础。

总而言之，任何新兴行业的兴起与发展势必存在重重困难，需要经过时间的洗礼才能成长与完善。跨境电子商务在信息时代背景下具有广阔的发展空间，但作为新兴产业，跨境电商在发展过程中也存在一定的问题。虽然相对传统对外贸易而言，基于跨境电商下的网络财务管理存在一定的优势，但由于其起步较晚，运转模式尚未成熟，仍需要不断改进与完善，从而解决当前跨境电商财务管理方面存在的问题，促进跨境电商优化发展。

第五节 资本运作中的财务管理

随着我国市场经济的不断发展，企业面临着一系列的改革，特别是"营改增"的大背景给企业的财务管理提出了新的要求。为了提高企业在市场中的竞争力，企业必须不断加强自身的资本运作能力，这样才能够实现"钱生钱"的目的。从当前的企业结构分析，财务管理与资本运作相辅相成，也可以说财务管理服务于企业的资本运作，一个是微观资金活动，另一个是宏观资金活动。资本运作与商品运作的概念是相互对应的，主要是指资本所有者对其自身所拥有的资金进行规划、组织、管理，从而实现资产升级。企业发展必须要有资金支持，而较大的资金投入会加大企业的经营风险，这就需要企业不断优化自身的资本结构，从而获得更多的经济效益。

一、企业资本运营的特点分析

（一）价值性

企业资本运行的核心特点就是价值性，也就是任何资本运营活动都要推动企业相关产品升值或获取经济效益。企业资本运作的侧重点并不是资产自身，而是企业所有资产所彰显出的价值。在开展企业资本运作的过程中，任何活动都必须着重考虑成本，从而综合反映成本占用情况，这样才能够分析出企业的资产价值，通过对边际成本与机会成本的相互比较衡量，为企业决策提供有力依据。

（二）市场性

市场性是资本运作的基本特点，在市场经济大背景下，任何经济活动都要依托于资本市场，这样才能够跟上市场的发展步伐，满足企业的发展需求。因此，企业资本运作必须要能够通过市场检验，只有这样才能够了解资本价值大小与资本运作效率的高低。可以说，企业资本之间的竞争就是要依托市场活动才能完成，这也是当今资本市场和企业资本运作的一大特点。

（三）流动性

资本运作就是一个资本流动的过程。例如，我们常说的投资就是一种资本运作，通过前期大量投资，不断获取相应的回报，因此，流动性是资本运作的主要形式，在不断的流动中实现产品增值。对于企业而言，企业中的资产不仅仅是实物，也不单是要求实物形态的完整性，而是更注重对实物资产的利用效率，是否能够在流动中获得更多的经济效益。

二、强化财务管理，优化资本运作

综上所述，企业资本运作是获取经济效益、实现资产增值的重要手段。企业财务管理作为企业管理的核心内容，对企业的发展有着重要影响。因此，我们必须充分发挥财务管理的积极作用，推动企业资本运作的优化、升级，从而推动企业健康发展。

（一）强化会计核算工作，完善财务管理

企业财务管理是企业资本运作的重要组成部分，因此实现资本运作会计核算，就是将企业资本投入生产经营活动中，从而在生产经营中实现会计核算，加强生产的成本控制。其最终目的就是运用企业资本提高自身的生产经营能力，并从事多种生产经营活动，从而实现资产保值、增值，以及提高企业的经济效益。另外，可以通过产权交易或分散企业资本，让企业资本结构进一步优化，为企业发展带来更多的经济效益。产权交易主要有两大层次：一是经营者根据出资者提供的经营产权资本实现资本保值、增值的目的；二是根据财产权来经营，从而满足经营目标，获得更多的经济效益。因此，在产权资本运营核算中，必须从这两大方面出发。

(二)完善企业财务管理

在市场经济下,企业财务管理面临着多方面的挑战:一是企业财务管理风险增加;二是企业还处于"营改增"的过渡阶段;三是影响企业财务管理的因素增加。可见,财务管理不单单是针对企业的生产经营活动,同时也受到国内外市场、政策影响等。如今,多种经营方式与投资机遇呈现在企业面前,任何经济活动都能成为"双刃剑",这就要看企业资本运作中的财务管理是否得当,根据投资组合方式,制订资本运作的盈利目标,并提高自身的抗风险能力、融资能力,从而丰富资本运作活动。因此,在资本运作过程中,加强财务管理至关重要。

(三)完善资本运作中的财务管理制度

想要充分发挥财务管理的积极作用,必须提供相应的制度支持,这样才能够保障财务管理的有效性与完善性,降低企业财务风险。因此,企业需要设置独立的财务机构,并构建高素质的专业人员,配备相应的核算人员、总会计师、资金分配人员等,为制度确定奠定坚实的基础。对于资本运作中的相关材料,必须能够将会计原始资料作为企业资本运作与生产经营的核心资料,并统一资料的形式与内容,实现有序挂历、规范存档,明确财务管理工作人员的相关责任,避免出现财务工作操作失误等问题。结合《企业财务通则》《会计法》、市场环境、企业内部环境,制定出更加完善的财务管理制度,明确不同岗位的工作要求,为资本运作提供制度基础。

综上所述,随着我国市场经济的不断发展,企业之间的竞争越来越激烈,因此,企业必须加强资本运作来提高自身的市场竞争力,提高企业的经济效益,实现资产保值,充分发挥财务管理的积极作用,为资本运作奠定坚实的基础。

第六节 国有投资公司的财务管理

在我国市场中,投资公司处于发展阶段,然而因为投资公司能够在降低投资风险的基础上,推动其他相关行业的发展,所以这一行业的出现也标志着我国金融服务行业的快速发展。但是在实际发展过程中,金融市场的竞争趋势也越来越激烈,这对各国有投资公司也提出了严格的要求,只有加大财务管理力度、提升管理水平,才能应对金融市场的变化。所以,本节主要针对国有投资公司的财务管理工作进行研究与讨论。

一、国有投资公司财务管理基本内容概述

通过对财务管理的了解可知,国有投资公司内部的财务管理工作,需要将工作的重点集中在以下几个方面:①加大财务基础管理力度,在公司内部建立与市场经济需求、国有投资公司特点相符合的财务管理机制,并且在日常管理的同时与国际市场相连接。②加强

资金统一调度与运作全过程管理力度。对于资金的筹集，最主要的是争取到政府方面的财政资金，并在此基础上积极向海外市场扩张，以此实现融资的目的。对于资金的使用，要始终以安全、流动、效益为基本原则，做到量入为出，遵循长短结合和科学筹划的要求，全面降低公司内部的融资、运营、管理等环节的成本，以此实现资金使用效益的提升。③通过行之有效的管理方法，致力于规避财务风险，调整公司内部的负债结构与负债管理方法，保证公司的资产结构与长、中、短期债务相适应。④在公司内部落实债权风险管理机制与逾期贷款清理责任制。⑤加大对公司财务改善的重视，使公司的投资与运行有足够的现金流支持，并且能够满足公司业务拓展与还本付息的根本需求。

二、国有投资公司的性质与目的

我国国有投资公司产生于20世纪80年代中后期，是由政府全额出资，以贯彻政府公共职能为核心目的，是主要从事基础设施、基础产业和部分支柱产业投资的投资主体和经营主体，其性质是一种特殊的国有企业，行使出资权力，是国有资产配置的代理者。国有投资公司作为经济发展的一支中坚力量，在新形势、新机遇的挑战下，不仅要执行政府政策，关注民生，根据政策对基础产业进行投资，而且又是市场竞争主力，需要自主经营、自负盈亏、自我发展，实现国有资产的保值与增值。故国有投资公司的目的是保值增值，发挥模范带头作用和经济导向作用，优化国有资产的配置和布局，最终使政府制定的宏观调控政策完美实现。

三、国有投资公司的财务管理模式

（一）集权制财务管理模式

集权制财务管理模式是指国有投资公司的各种财务决策权集中于母公司，母公司集中控制和管理投资公司内部的经营和财务并做出决策，而子公司必须严格执行。财务管理决策权高度集中于母公司，子公司只享有少部分财务决策权。集权管理主要是集中资产管理权，集中资产管理权不仅涉及决策权，而且还包括经营权及部分业务控制权。

一般来说，成本低、效率高的集权性决策，对于母、子公司间的资源配置和战略协调比较有利，但是它也有不利的一面，就是承担的风险相应较高，经营决策水平和决策者的战略分析判断力决定着决策是否正确。一个决策的失误可能破坏公司的整体发展，甚至是使公司走向衰亡。

（二）集权与分权结合的财务管理模式

集权与分权结合模式的特点主要有以下方面：①制度方面，应该在集团内部制定统一的管理制度和职责，使得财务权限和收益分配方法明确，各个子公司应该依据自身的特点在母公司的指导下遵照执行，特殊情况再予以补充说明；②管理方面，应该充分利用母公司这一强大的支柱力量，集中管理部分权限；③经营方面，要根据制度出发，充分调动子公司的生产经营积极性。

财务机制出现的一些僵化局面，一般是由极端的集权和子公司的不积极主动造成的；分权的极端化，定会使子公司以及它的生产经营者过度追求经济利益，从而导致失控状态的产生，对整体利益造成严重破坏。集权与分权相结合的模式，不仅可以充分发挥母公司财务的调控职能和激发子公司的生产积极性与创造性，还可以将子公司的风险控制住。这种模式的运用，防止了过分集权或分权导致的危害，充分发挥了集权和分权的优势。

四、国有投资公司财务管理模式的优化策略

（一）加强国有控股企业的财务管理

从财务风险管理的角度来看，国有投资公司应以财务监管为主且从自身的业务特点出发，对项目单位的管理体系不断进行规范和完善，以使财务的内控系统得到健全，将财务风险降低至零。

（1）实行全面预算的管理。对财务监管机制方面的项目单位实行战略协同，要加强其财务预算管理与控制能力。确保预算的顺利进行，即确保项目单位的权力分配和实施。公司对项目单位在按年、季、月编制财务预算的基础上，对预算的执行情况进行分析，及时纠正错误、补缺漏洞，还要实施评价考核的措施、完善和整改不得当部分，从而将目标控制与过程控制和结果控制相结合，一定程度上了解和控制项目单位的财务风险。

（2）建立重大财务事项报告的制度。如果公司对项目单位管理过于严格和紧张，很可能会出现"一管就死"的现象；放得过宽、过松，又可能出现"一放就乱"的现象。因此，关键还是要管理得当，只要合乎常理、不越界，就能管理好单位的重大财务项目，就可以授予项目单位以经营自主权，充分调动他们的主观能动性。

（3）强化对项目单位的内部审计。关于项目单位的内部审计，除控股项目单位之外，要将内部审计延伸到参股项目单位；除年度决算审计之外，可根据实际开展经济责任审计等专项审计；要注意与项目单位的沟通，在审计的时候要注意方法和介入的时机；审计要深入彻底，整改要落实到位。

（4）完善控股项目单位经营者的激励约束体制。从委托至代理角度进行考虑，由于内在矛盾诸如信息不对称、契约不完备和责任不对等，可能会产生代理人"道德风险"和"逆向选择"的问题。所以，需要建立激励约束经营者的管理机制，以促使经营者为股东出谋划策，用制衡机制来对抗滥用权力的现象。

（二）加强对参股公司的财务管理

（1）实行对国有参股企业中国有资产的立法管理：首先要建立适合国有资产的法律法规体系，健全资产体系，做到依法管理资产、有法可依和依法置产，以保证国有资产的体制管理走上合法化和法治化的轨道；尤其对于国有资产流失的查处，应该尽快立法。

（2）对于企业内部的国有参股，每年要进行资产的清查，核实国有资产存量的分布构成、经营效益、增减变动；建立奖惩分明、落实责任的管理体系，对日常资产进行检查验收与评价。

（3）对于产权转让行为进行规范化，对于产权中心交易智能进行强化。确定国有参股企业的国有资产产权归国家所有，具备产权转让资格的前提是有国家授权机构授权。同时应该规范中介机构的转让行为，公开、公平交易，以公正监督为前提，依法管理。统一管理交易行为，确保产权交易的规范化、合理性和权威性。

企业作为一个强大的经济组织，不能仅仅依靠固定的财务管理模式，而要不断发展和变化，要结合我国关于投资实践的情形，在财务管理手段和方法上不断努力，增强财务人员防患于未然的财务风险意识，不断更新和完善财务管理系统，以适应市场环境的千变万化，促进企业的长远发展。

第七节 公共组织财务管理

公共组织财务管理弱化是一个世界性的问题。1989 年，美国审计总署和总统管理与预算办公室对联邦政府的"高风险"项目进行了研究，识别出多达 78 个不同的问题，这些问题的存在使得潜在的联邦政府债务达到数千亿美元。为解决上述问题，1990 年美国国会通过了《首席财务官法案》，目的在于提高联邦政府的财务管理水平。近些年来我国审计署披露的中央、地方政府部门及某些高校、基金会的违规违纪案件更是令人触目惊心。人们不禁要问这些过去的"清水衙门"为何成了事故频发区？它们到底是怎么管理的？违规违纪案件为何屡禁不止？

在这一背景下，理论界对公共组织财务管理问题展开了研究。英国学者 John J.Glynn 出版的《公共部门财务管理》一书，以英国为例对公共部门的财政控制、预算等问题进行了概括和总结。我国学者李建发对公共组织财务与会计问题进行了较为全面、系统和深入的研究，在其发表的论文《市场经济环境下事业单位的财务行为规范》《公共财务管理与政府财务报告改革》等研究成果中，对公共组织财务管理的性质、特征进行了分析，并提出了加强公共组织财务管理的若干建议。姜宏青在《公共部门理财学科的兴起与建设》一文中，从学科建设角度分析了建立公共部门理财学的必要性，并提出了公共部门理财学科的构建设想。这些研究无疑极大地促进了我国公共组织财务管理理论研究，但总体来说，我国公共组织财务管理理论研究才刚刚起步，现有研究成果中就公共组织财务管理某一方面存在的现实问题进行的研究比较多，探讨公共组织财务管理理论问题的研究成果尚不多见。基于此，本节在吸收前人研究成果的基础上尝试着对公共组织财务管理的内涵、特征、目标及内容进行探讨。

一、公共组织财务管理的含义和特点

公共组织财务管理，也称公共部门财务管理或公共财务管理，是指公共组织（或部门）组织本单位的财务活动、处理财务关系的一项经济管理活动。

（一）公共组织

社会组织按组织目标可分为两类：一类是以为组织成员及利益相关者谋取经济利益为目的的营利性组织，一般称为私人组织，包括私人、家庭、企业及其他经营机构等；另一类是以提供公共产品和公共服务，维护和实现社会公共利益为目的的非营利组织，一般称为公共组织，包括政府组织和非营利组织。

在我国，公共组织主要指政府部门、事业单位和民间非营利组织。从理论上讲，国有企业也属于公共组织，但由于其运行和管理方式比较特殊，一般不把其包括在公共组织中进行研究。

公共组织具有组织目标的非营利性和多样性、提供的公共产品和服务的非竞争性、行为活动的规则导向性，以及通过行使公共权力来管理公共事务等特点，这些特点使得公共组织的财务活动明显区别于私人组织。

（二）公共组织财务的特点

公共组织财务包括财务活动的组织及其所形成的财务关系的处理。其中，财务活动主要指围绕组织资金的流入、流出所进行的组织、计划、控制、协调等活动。公共组织财务具有以下主要特点：

1. 财政性

公共组织的资金运营与财政资金有着千丝万缕的联系：①大部分公共组织（主要是政府部门和事业单位）的资金来源于财政资金；②由于政府部门和事业单位是公共财政的具体实施者，因此公共组织财务活动就是财政政策的具体执行和体现；③公共组织财务活动的结果和效率直接影响着财政目标的实现。

2. 限制性

公共组织是用别人的钱给别人办事，缺乏责任约束和激励机制，为防止公共组织滥用公共资源，各国政府对公共组织的资金管理一般较为严格。与私人组织相比，公共组织在资金的筹集和使用上受到较多的限制：①公共组织资金的筹集、使用方向和金额应严格以部门预算为基础，并非组织自主决定；②公共组织（主要是政府部门）在资金管理权限上受到限制，如我国政府采购制度规定，政府部门采购大宗商品和劳务活动要由财政部门代为进行，政府部门在资金管理权限上受到相当大的限制。

3. 财务监督弱化

私人组织的财务活动一般会受到来自产品市场、资本市场、投资者、债权人、社会中介等多方面的约束和监督，与私人组织相比，所有者和市场对公共组织的监督弱化，导致其财务监督弱化。①资金提供者监督弱化。公共组织的非营利性决定了公共组织资金的提供者不能从组织的运营中获得经济上的收益，他们既不享有经营管理权，也不享有收益分配权，这样公共组织就缺乏最终委托人的代理人，不存在"剩余索取权"的激励机制。因此，与企业投资者相比，公共组织资金提供者对组织的经营和财务活动情况关注度较低，对组织运营的监督相对弱化。②市场监督弱化。公共组织提供的公共产品或服务，如公共安全、社会秩序等往往具有垄断性，一般不需要由具有竞争性的市场来评价其产品或服务的价值。公共产品市场的这种非竞争性，使得公共组织缺乏来自市场的竞争和监督，这也是公共组织资源利用效率低下的原因之一。

4. 财务关系复杂

公共组织财务活动涉及面广、影响大，所体现的财务关系也比私人组织复杂。①利益相关者众多。公共组织在组织资金运动、提供公共产品的过程中，既涉及与财政部门及其他职能部门的关系，也涉及与供应商、金融机构及社会公众等的关系，利益相关者众多。②既存在经济关系又存在政治关系。私人组织财务活动体现的是市场规则下的经济关系，而公共组织财务活动所体现的既是经济关系又是政治关系。公共组织的资金从根本上来源于纳税人等社会公众，其产品也是服务于社会大众，其财务活动的背后反映的是政府的政策选择，体现着政府的意图。因此，公共组织资金的流动和分配就不仅仅体现着经济关系，还体现着一种政治关系。

（三）公共组织财务管理的特点

1. 以预算管理为中心

在本质上，公共组织是受公众的委托利用公共资源来提供公共服务，但它缺乏利润等明确的指标来反映公共组织委托责任的履行情况。因此，公共组织财务管理的一个重要方式就是通过预算模拟市场机制来组织、指挥公共事务活动，通过预算将公共组织所承担的受托责任具体化、数量化、货币化，使之成为代理人的具体目标和委托人控制的具体标准。预算管理是公共组织管理的核心和基础，必然也是公共组织财务管理的中心。公共组织财务管理就是围绕预算的编制、执行、检查、考核进行的，公共组织的资产管理、收入支出管理、绩效考核等都是以预算为基础展开的。

2. 兼顾效率和公平

财务管理的本质是提高资金效率，实现价值增值。虽然公共组织开展业务活动的目的是执行或提供社会管理或公益职能，没有直接的经济目的，但公共组织同样需要讲求效率，追求费用最低化、回报最高化以及正的净现值等目标。只有这样，才能充分利用公共资源、提供更好的公共服务。当然，公共组织的效率目标可能会与公共组织的其他目标产生矛盾。因此，公共组织在确定财务管理目标、进行财务决策时，要兼顾效率和公平。

3. 微观性

由于公共组织资金具有一定的财政性，因此人们常常将公共财政与公共财务混为一谈，用公共财政代替公共财务。虽然公共财政与公共财务有着密切的联系，但两者的区别还是很明显的。公共组织财务管理是为本单位开展各项业务活动服务的，侧重于公共组织单位微观的财务活动。而公共财政是为保证公共财政职能的全面履行服务的，侧重于政府的宏观财政收支等活动。

4.手段的多样性

企业财务管理主要通过经济手段实现管理目标，而公共组织实现目标的手段更加多样化，既可借助其公共权力通过法律或行政手段实施管理（如预算管理、目标管理等），又可引入市场机制，借助经济手段实施管理（如政府采购过程中的招标、公共投资项目决策中的成本效益分析等）。

二、公共组织财务管理的目标

公共组织是以实现社会公益而不是追逐利润最大化为宗旨的非营利性组织，其财务管理目标应服从于组织宗旨。财务管理的最终目的是通过价值管理保障组织资源的安全，提高资源的使用效率，为实现组织目标提供物质保障，实现组织宗旨。因此，公共组织财务管理目标是在保障社会公益目标的基础上，科学、合理、有效地筹集、运用和分配组织的公共资源，实现公共组织效率与公平的统一。具体体现在以下三个层次：

（一）保障公共资源的安全完整

这是公共组织财务管理的初级目标。与企业相比，公共组织缺乏责任约束和激励机制，财务监督弱化，容易造成公共资源的流失和浪费。公共组织财务管理的初级目标就是保障公共资源的安全完整，即通过科学编制政府公共部门的预算，统筹安排、节约使用各项资金，建立、健全政府公共部门的内部控制制度，加强资产管理，保障预算的严格执行，防止资产流失和无效投资。只有保障公共资源的安全完整，才能为公共组织实现社会公益提供基本的物质保障。

（二）提高公共资源的使用效率

这是公共组织财务管理的中级目标。公共组织财务管理就是要通过绩效管理、成本控制、资产管理等手段，帮助公共组织科学决策，合理配置使用资源，注重资源的投入产出分析，提高公共组织资源的使用效率。

（三）实现效率与公平的统一

这是公共组织财务管理的高级目标。公共组织财务管理的最终目标就是通过财务管理活动帮助公共组织科学有效地组织、分配财务资源，为社会公众提供更好的公共产品和服务，实现"效率"与"公平"的统一。

三、公共组织财务管理的内容

企业财务管理围绕着资金运动而展开，主要内容包括筹集、投资、运营资金管理和利润分配。由于公共组织财务活动的特殊性，公共组织财务管理具有更为广泛的内容，不仅包括对公共资金的管理，还包括对各种公共资源的管理及公共组织绩效的管理，主要内容如下：

（一）预算管理

预算是公共组织的年度财务收支计划，集中反映了公共组织资金的收支规模、业务活动范围和方向，是其财务工作的综合反映。预算管理是对公共组织进行财务监管所使用的主要手段，通过预算编制可以提高公共组织对未来事务的预见性、计划性，规范公共组织的财务收支活动。预算审批特别是政府部门的公共预算审批，实质是民主参与公共资源分配决策，提高公共财务透明度的一种形式，是对公共组织财务活动的一种事前控制。

1. 公共组织预算与公共预算的概念

公共预算（也称政府预算）综合反映一级政府年度收支计划，是政策性的，反映的是政府的意图，体现的是公平。公共预算主要用于配置资源、分配收益和成本。公共组织预算是执行性的，是具体部门的年度收支计划，反映的是公共资源的使用效率。

公共组织（主要是政府部门和事业单位）预算是政府预算的基础，公共预算由各具体的政府部门预算和事业单位预算构成。公共组织预算是在公共预算的框架下编制和实施的。

2. 公共组织预算管理的内容

从预算管理的流程来看，公共组织预算管理主要包括以下几个方面：①预算基础信息管理。公共组织预算是在充分分析组织相关信息，如人员数量、各级别人员工资福利标准、工作职能、业务量、业务物耗标准等基础上编制的，基础信息的全面、准确是预算编制科学性的重要保障。在相关信息中，定员定额信息是最重要的基础信息，定员定额是确定公共部门人员编制额度和计算经费预算中有关费用额度标准的合称，是公共部门预算编制的依据和财务管理的基础，也是最主要的单位管理规范。受我国政府机构改革的影响，近年来政府机构撤销、增设、合并频繁，政府部门原有的定员定额标准已不符合实际情况，迫切需要重新制定科学合理的定员定额标准。另外，还应建立相关的统计分析和预测模型，对部门收支进行科学的预测，提高预算与实际的符合度，便于预算的执行和考核。②预算编制。预算编制管理的核心是预算编制、审批程序的设计和预算编制方法的选择。③预算执行。预算执行环节的管理主要是加强预算执行的严肃性，规范预算调整行为，加强预算执行过程中的控制。④预算绩效考核。将预算执行结果与业绩评价结合起来。

（二）收入与支出管理

公共组织收入，一般是指公共组织为开展业务活动和完成公共任务依法获取的非偿还性资金。公共组织支出，一般是指公共组织为开展业务活动和完成公共任务发生的各项资金耗费及损失。

企业的收支活动都是通过市场竞争实现的，所以，只要符合国家法律和企业战略要求，其收入越多越好，并且收入与支出之间存在着明显的配比关系。公共组织的收入大多是靠公共权力强制获得的，支出与收益也不存在明显的配比关系。因此，作为公共组织的管理者有可能存在道德风险，为了部门或个人利益滥用公共权力，如"自立规章""自收自支"，进行各种收费、罚款、集资、摊派活动，损害公共利益。因此，公共组织财务管理应更加关注组织收入与支出活动，目的是合理确定收入规模，规范收入来源，优化收入结构，正确界定公共支出范围，规范支出活动，建立合理的理财制度。

公共组织收支财务管理制度一般包括以下方面：

1. 内部控制制度

在公共组织内部科学设置职务和岗位，使得不相容的职务和岗位分离，形成部门和人员间相互牵制、相互监督的机制，防范公共组织在资金收支活动中的资金流失、被侵占、挪用、转移和贪污等问题的发生。

2. 财务收支审批制度

建立健全公共组织财务审批制度是部门财务管理工作的关键环节，只有这样才能保证公共组织收支规范化。

3. 内部稽核制度

公共组织要建立内部监督审查制度，定期对组织资金的收支情况进行监督审查，及时发现问题，防止资金管理方面出现漏洞。

（三）成本管理

由于公共组织的公共特性，长期以来我国公共组织特别是政府部门，只问产出，不问投入；只算政治账，不算经济账，导致行政成本总量偏高，投入与产出明显不对等，这种情况在事业单位和一些民间非营利组织中同样存在。

虽然公共组织的主要目的是为公众利益服务，但并不是不讲成本与效益问题。自20世纪80年代以来，为摆脱财政困境与新公共管理思潮的驱动，西方各国政府已把注意力从资源分配转移到成本核算和控制上

公共组织成本管理应包括以下内容：

1. 综合成本计算

寻找成本驱动因素，按驱动率分配管理费，并归集到相应的职能、规划、项目和任务中，以便在资源成本和资源用途之间，以及成本和业绩之间构建联系，从而明确各自的责任。

2. 活动分析和成本趋势分析

对政府项目和流程进行分析，寻找较低成本的项目和能减少执行特定任务成本的途径。

3.目标成本管理

目标成本管理即恰当地制订和公正地实施支出上限，合理控制业务成本。将成本与绩效管理目标联系起来，实施绩效预算和业绩计量。

（四）投资管理

公共组织投资主要是指由政府或其他公共组织投资形成资本的活动。公共组织投资包括政府组织投资和非营利组织投资。其中，政府的投资项目往往集中在为社会公众服务、非营利的公益性项目（如公共基础设施建设等），具有投资金额高、风险大、影响广等特点。非营利组织投资主要指非营利组织的对外投资。

公共组织投资活动的财务管理主要侧重于以下方面：

（1）对投资项目进行的成本—效益分析和风险分析，为公共组织科学决策提供依据。政府投资项目的成本—效益分析要综合考虑项目的经济效益和社会效益。

（2）健全相关制度，提高资金使用效率，如采用招投标和政府集中采购制度，提高资金使用效率。

（3）建立科学的核算制度，提供清晰完整的投资项目及其收益的财务信息。

（五）债务管理

公共组织债务是指以公共组织为主体所承担的需要以公共资源偿还的债务。目前，在我国比较突出的公共组织债务是高校在扩建中进行大量银行贷款所形成的债务。

有些学者将政府债务管理纳入公共组织财务管理中，笔者认为是不妥的。因为大部分的政府债务如债券、借款等是由政府承担的，并未具体到某个行政单位，行政单位的债务主要是一些往来业务形成的且一般数量并不大。政府债务应属于财政管理的范畴，行政单位的债务管理属于公共组织财务管理的范畴。

从财务管理角度实施公共组织债务管理的主要内容如下：

（1）建立财务风险评估体系，合理控制负债规模，降低债务风险。公共组织为解决资金短缺或扩大业务规模，可以适度举债。但由于公共组织不以营利为目的，偿债能力有限，因此，建立财务风险评估体系，根据组织的偿债能力，合理控制负债规模，可降低债务风险。

（2）建立偿债准备金制度，避免债务危机。

（3）建立科学的核算制度，全面系统地反映公共组织债务状况。

（六）资产管理

公共组织资产是公共组织提供公共产品和服务的基本物质保障，然而由于公共组织资产的取得和使用主要依靠行政手段，因此随意性较大。目前，我国公共组织间资产配置不合理、资产使用效率低、资产处置不规范等现象较多。

从财务管理角度实施公共组织资产管理的主要内容如下：

（1）编制资产预算表。公共组织在编制预算的同时应编制资产预算表，说明组织资产存量及其使用状况，新增资产的用途、预期效果等，以便预算审核部门全面了解公共组织的资产状况，对资产配置做出科学决策。

（2）建立健全资产登记、验收、保管、领用、维护、处置等规章制度，防止资产流失。

（3）建立公共资产共享制度，提高公共资产的利用效果。

（4）完善资产核算和信息披露，全面反映公共组织资产信息。

（七）绩效管理

建立高效政府、强化公共组织绩效管理是各国公共管理的目标。绩效管理重视公共资金效率，将公共资金投入与办事效果进行比较，促使公共组织讲究效率，是实现公共组织社会目标、建设廉洁高效公共组织的必要条件。

从公共组织财务管理的角度来看，主要是把绩效管理同预算管理、公共支出管理等内容结合起来。

（1）建立以绩效为基础的预算制度，将绩效与预算拨款挂钩。

（2）建立公共支出绩效评价制度。

（3）在会计报告中增加年度绩效报告。

（4）开展绩效审计，进行有效监督。

第八章 财务管理的创新理念

第一节 绿色财务管理

经济的高速发展带动了各个行业的进步,然而当人们在为取得的成就喝彩的时候,却不得不意识到一个非常严重的问题,即资源的总量日益减少,环境质量变得越来越差。在这个背景之下,财务管理工作就会朝着绿色管理阶段发展。所谓的绿色管理,具体来讲是将环保和资源管理以及社会效益融合到一起的一种管理方法。

一、绿色财务管理概述

绿色财务管理指在之前管理方法的基础上,更加关注环境及资源,它的目的主要是带动社会的长久发展。

(一)绿色财务管理的内容

1. 绿色财务活动

它在原有的财务内容中增加了环保和资源利用两个要素,它规定相关的主体在开展财务工作的时候,不单单要将经济效益考虑在内,还要将资源的全面利用及消耗能源的情况、生态的受损程度以及恢复所需的资金等考虑在内,更加重视社会的长远发展。

2. 绿色财务关系管理

绿色财务关系管理是在原有与出资人、债权人、债务人、供应商、买家、政府、同行等财务关系管理的基础上,增加了对资源关系、环境关系的管理内容。具体来讲,在开展新项目的时候,除了要做好和环保机构的沟通工作以外,还要联系资源部门,这样做的目的是保证新项目在新的状态下不会有较为严重的问题产生,否则就会导致资源受损,无法被长久利用。

(二)开展绿色管理的意义

1. 带动财务管理工作的进步

我们都知道,作为一种科学体系,财务管理工作并不是一成不变的,是会伴随社会的发展而一直进步的。相关环境改变了,与之对应的各种系统及体制等都会随之改变,只有这样才能够适应新的发展态势。当今社会，资源的总数只会减少，并不会增加，因此为了长久的发展，就必须开展绿色管理。

2.促进社会和谐发展

我们人类在这个世界上已经存在了数千年，出于自身生存和发展的需要，我们需要一直开展各种活动，而各种活动的最终目的都是获取利益。由于人的总数在不断地增加，虽说一个单体的活动可能不会对资源及生态产生负面效应，但如果是几亿人共同活动呢？后果可想而知。所以，为了避免生态继续恶化，为了我们的子孙后代能够更好地生活在这个世界上，就要开展资源和生态保护工作。在这种背景之下，我们就必须开展绿色管理。

二、绿色财务管理的现状

（一）环境、资源的产权难认定、认定难

以海洋资源为例，海洋占到了地球总体面积的70%左右，海洋资源的产权本身就难以划分。对于资源和环境而言，地球才是总体，这种人为地、条块化地划分，并不利于资源和环境的整体向好；另外，即使海洋资源的产权可以划分清楚，海洋也并不是静止不动的，海水每天都在流动，海里的资源每天都在变化，假如发生原油泄漏事故，海洋污染物会随着洋流运动发生扩散，很可能会扩散到其他国家的管理范围内。因此，环境、资源的产权难认定、认定难。

（二）在环境、资源问题上，各国间难以形成责任共担机制

环境和资源其实是全人类共有的，但是在环境、资源问题上，各国间很难形成责任共担机制。比如二氧化碳的排放超标是极地上空形成臭氧层空洞的主要原因，各国在减少二氧化碳整体排放量这件事情上，早已形成了共识，但是，具体到谁应该减少、减少多少问题上，每个国家为了自身经济的发展，都在尽可能地争取最有利的减排额度，甚至互相指责，不断推卸责任，责任共担机制更是难以形成。

（三）缺乏对绿色财务管理的评价体系

绿色财务管理尚处在摸索阶段，评价体系更是缺乏。目前，比较被认可的绿色财务管理评价指标主要有绿色收益率和绿色贡献率，但是，这两个指标有一个比较突出的问题，就是难以进行衡量，即很难评价一个项目有哪些可以列入绿色收益率或者绿色贡献率的范围，以及列入绿色收益率或者绿色贡献率的评价比例标准是怎样的；很难像基尼系数那样有规定的标准，什么样的绿色收益率或者绿色贡献率的指标计算标准是正常的、什么样的指标计算标准是好的、什么样的指标计算标准是绝对不可以使用的，这些都难以判断。再加上目前并没有像注册会计师那样拥有审查资质的绿色财务管理师，人员队伍建设落后，绿色财务管理评价体系建设更是难上加难。

（四）绿色财务管理的执行和监督不到位

每个国家都有相关的环境保护措施和资源控制制度，按道理，绿色财务管理的执行和监督本应该不成问题，但是，在实际的生产生活中，绿色财务管理的执行和监督都不到位。由于法律、人员、经济等方面的原因，绿色财务管理的执行和监督处处受限。很典型的一个企业行为就是废弃物的排放，在有人检查或参观的时候，环保设备是运行的，但是，一旦解除了检查或参观的限制条件，就会有很多企业偷偷向外直接排放废水、废气、废渣等废弃物，虽然国家三令五申，但不少企业依旧我行我素，环保部门的工作人员也不可能时时监控所属的所有企业。

三、原因分析

（一）对绿色财务管理的认识不足

由于很多人对绿色财务管理不认识、不了解，才会对绿色财务管理不重视，对绿色财务管理的研究也较少，至今都没有完整的关于资源和环境的产权认定标准，对绿色财务管理的执行和监督更是不到位。

（二）从众心理作祟

小到个人，大到企业、国家等各个主体，都存在一定程度的从众心理，造成在环境、资源问题上，各国间难以形成责任共担机制的局面。

（三）绿色财务管理的评价体系不健全

由于前文中所说的绿色收益率和绿色贡献率等指标难以量化考评，新的指标（如环保设备上新率、环保设备使用率、资源消耗量、可再生资源再生速率、资源利用率等一系列指标）还在研究当中，加之对绿色财务管理的研究队伍目前还未形成规模，研究人员较少，也很难形成合力，缺乏环境保护、资源管理和精算师等专业人员，缺乏政府部门和企业乃至每一个主体的积极参与，导致到目前为止，绿色财务管理的评价体系很难健全。

四、加强绿色财务管理的措施

（一）加快对环境、资源等产权认定的研究步伐

虽然对环境、资源等的产权认定很难，但是，在人类社会可持续发展的需要面前，一定要发挥主观能动性，迎难而上、攻坚克难。首先，对绿色财务管理的认识、了解和重视，不应仅仅停留在口头上，更要落实在具体行动中；其次，要加强绿色财务管理研究人员的队伍建设，不仅要培养会计方面、财务管理方面的专业人员，更要培养环境保护方面、资源管理方面的专业人员，以及精算师、数学、地理等方面的专业人员，这是一项浩大的关系人类社会千秋万代的工程；最后，思想上重视了，人员到位了，还需要坚定不移地落实和执行这项漫长而琐碎、任务艰巨的工作。

（二）加强各国政府间的沟通协作，责任共担、共同发展

在绿色财务管理的推行上，各国政府责无旁贷，加强各国政府间的沟通协作，责任共担，才能共同发展、共同繁荣。首先，要摒弃的就是在环境保护和资源管理方面的从众心理，各国政府都应该认识到绿色财务管理的重要性、政府行为的重要性，加强政府间的沟通与协作，共同履行具有国际约束力的环境保护和资源管理公约；最后，要结合自身实际，灵活制定相关政策、法律和法规，并强制执行；最后，要加强相关的舆论宣传，通过舆论导向引导每一个主体的行为，从而为环境的净化和资源的可持续开发利用提供可能。

（三）健全绿色财务管理的评价体系

健全绿色财务管理的评价体系，需要把评价体系具体细化，增加新的评价指标，并加以量化。但是诸如环境改善带来的幸福指数、资源利用效率提高带来的经济效益等指标很难量化。此外，人类对绿色财务管理的认知还在不断进步，绿色财务管理评价体系大需大量的后续完善工作。

（四）政府引导，加强对绿色财务管理的执行和监督

政府间的合作共赢在绿色财务管理的推行上固然重要，但是，具体执行和监督涉及每个人、每个企业、每个组织、每个国家等各个主体，所以，政府的引导非常重要。除了政策、法律、舆论先行之外，相关的奖励和惩罚措施也非常重要，具体如何处理，需要相关主体的严格执行和监督。

第二节　财务管理信息化

企业财务管理信息系统是企业管理信息系统的核心组成部分。随着当前网络与通信技术的高速发展，特别是以目标成本管理和预算控制管理为核心的现代化财务管理系统的发展，简单的财务电算化管理信息系统已经不能够满足企业对管理信息的要求。企业需要更健全、更完善的集会计核算、财务管理和经营管理为一体的财务管理信息系统。财务管理信息化需要由单纯的会计核算型向财务管理分析型及企业的信息系统集成型转变，进而为企业生产、经营和管理提供信息集成和决策辅助功能。

一、企业财务管理信息化建设中存在的问题

随着组织规模的不断扩大，业务越来越复杂，企业财务管理工作需要不断地细化和深化，财务人员的工作量不断增加，大量的数据需要及时处理，财务信息的关联程度越来越广，传统的基于手工信息处理特点而设置的会计业务流程传递越来越暴露出不足，无法满足财务管理的需要。即便在已实现会计电算化的企业，企业的财务管理信息化也暴露出诸多问题，影响着企业的管理，制约着企业的发展。

（一）对财务管理信息化的核心地位认识不强

许多企业在信息化建设投入中缺乏重点，部分企业对财务信息化建设的认识还停留在 IT 技术替代手工操作的层次上，认为实现会计电算化就是财务管理信息化的目标，对实现现代化管理的信息资源的需求了解得不够，没有认识到财务管理信息化是企业管理信息化的核心，是实现管理现代化的保障。

（二）信息失真、信息不集成，难以为科学决策提供依据

现代企业管理最根本的是信息的管理，企业必须及时掌握真实准确的信息来控制物流、资金流。然而，当前我国相当多企业的信息严重不透明、不对称和不集成，没有做到数据的充分挖掘和利用，数据采集、处理口径不一。另外，由于应用的软件不一，没有统一的信息编码标准，造成信息的利用率和整合度不高。

（三）传统会计流程存在缺失

在传统的会计体系结构中，会计数据以汇总的形式重复存储于信息系统中，难以反映经济业务的本来面目，而且所反映的信息往往滞后于业务信息。信息的滞后不仅影响了信息的质量，还降低了它的相关性，以致企业无法从效益的角度对生产经营活动进行实时监控。当 IT 技术在各个领域得到广泛应用时，许多组织的财务人员积极将 IT 技术应用于会计信息系统。但是人们在传统财务会计体系结构的束缚下，并没有充分发挥 IT 技术的优势重新设计财务会计流程，只是简单地模仿和照搬手工流程。

（四）缺乏财务信息化管理的复合人才

现代企业越来越重视人才的开发和培养，企业不仅拥有各类技术人员，拥有生产经营方面的专家和研发人员，也拥有从事计算机控制方面的技术人员等。但基于中国的国情，很多企业的财务部门人才匮乏。如许多国有企业或私营家族企业的财务人员学历不高，缺乏信息化管理能力及思想，其财务管理能力和理念已经不能适应现代企业管理的需求。

（五）企业各级管理人员的认识不到位

在企业内部建立财务管理信息系统，是一项重大的管理工程，涉及企业管理的理念、模式、资金运作方式、生产组织形式等诸多方面的变革。如此浩繁的工程，涉及方方面面，只有企业领导重视、有关管理人员齐心协力，才能顺利进行。但部分企业的部分人员安于现状、缺乏创新精神，认为实现电算化就是财务管理信息化的目标，对实现现代化管理的信息资源的需求了解不足。

二、信息化建设的重要意义

从管理角度来看，信息化建设在企业财务管理工作中具有重要的实践意义，主要表现在以下四个方面：

（1）信息化在财务管理工作中的应用大大提高了企业财务管理工作水平。特别是信息

化的应用，把会计人员的双手从过去繁重的手工劳动中解放了出来，会计人员只需掌握信息系统的一些简单操作方式，就可以对财务数据进行计算机录入，必要时还可以反复修改，及时进行会计核算，制作各种财务报表。毫无疑问，利用信息化系统完成这些工作，差错率低、可靠性高，提升了财务数据的准确性。

（2）信息化在财务管理中的应用可以有效地控制企业成本。成本控制是企业财务管理工作的核心环节，也是企业实现最终盈利的根本保障。利用财务管理信息化建设的先进性，企业财务部门可以全程掌握生产经营中各项大额成本支出的请购、采购、库存和审批等过程，使生产经营中各项大额成本支出的请购、采购、库存和审批等过程在运行中留有痕迹，提高了企业对成本支出等费用的管控能力，降低了各项成本费用指标的超标可能。

（3）财务管理信息化建设使企业的资金管控更为严格。企业的日常经营管理活动是以预算管理为主线、以资金管控为核心而开展的，是以货币计量方式对企业经营活动的资金收支情况进行统计和记录的。其中，在企业项目资金管理方面，企业是以资金使用的活动情况为核算对象的。如果构建了财务管理工作的信息化系统，企业就可以借助信息化系统对企业的资金使用情况进行统筹和预测，降低企业采购与财务之间的往来频率，企业财务人员也能够利用信息化系统了解采购计划的相关信息，有针对性地制订筹集资金和付款计划，提高工作效率，减少管理漏洞。

（4）财务管理信息化建设提升了企业财务信息传递与交流的时效性。改革开放初期，人们常常会听到这样的口号："时间就是金钱""效率就是生命"。其实，这两个命题的成立都是建立在信息的有效传递与交流的基础之上的。21世纪企业之间的竞争，当然也是信息的传递与交流之间的竞争。可以说，在财务管理中进行信息化建设，可以有效地整合各部门之间的财务信息和数据，进而借助计算机网络进行汇总、分析、分流和反馈，极大地提高了企业财务信息传递与交流的时效性。

三、企业财务管理信息化建设的发展策略

（一）树立正确的财务管理信息化发展观念

企业财务管理信息化建设是企业实现财务管理现代化的重要前提，是一项以计算机应用技术、互联网应用技术、信息通信技术和"互联网+"技术为基础的复杂的系统工程。这一工程的顺利建设和竣工，需要企业各级领导、各个部门的通力合作、全面支持，不可能一蹴而就。因此，在财务管理信息化建设进程中，企业各级领导和各个部门必须树立正确的信息化发展理念，既不能忽视、漠视、无视财务管理信息化建设对企业发展里程碑般的重要意义，不积极主动支持信息化建设工作，不积极主动解决信息化建设过程中遇到的问题，也不能操之过急，罔顾企业的技术条件和操作人员的专业化水平，仓促引进、盲目上马，就会造成财力、物力、人力等的浪费，更不能过分强调、放大财务管理信息化建设的功能，把信息化建设看成是可以解决一切财务问题的万能钥匙。在财务管理信息化建设

进程中，企业各级领导和各个部门应本着实事求是、循序渐进的原则，在综合考量企业各方因素、条件的基础上，按部就班、有条不紊地实施信息化工程建设，这样才能为以后的信息化建设在企业财务管理中发挥应有的作用奠定良好的技术和管理基础。

（二）加强领导对财务管理信息化建设的重视

21世纪是信息化时代，是信息化建设大行其道的时代。信息化代表了先进的社会生产力，已经成为当今社会发展的大趋势。21世纪正在经历一场革命性的变化，世界范围内的信息技术革命将对人类社会变革的方向产生决定性的影响，将在全世界范围内建立起一个相互交融的全新的信息社会。所以，企业要完成财务管理信息化建设，企业领导就要首先对财务管理信息化建设给予足够的重视，身先士卒、身体力行，结合企业的具体发展情况，根据财务管理工作的实际需要，切合实际地制订出具有企业特色的财务管理信息化建设规划。因为财务管理信息化建设资金需求量大，所以如果没有企业主管领导的力挺，信息化建设所需的大量资金是无法悉数到位的。因此，企业领导对财务管理信息化建设的重视是信息化建设取得成功的关键。

（三）加大对财务管理信息化建设的人才培养力度

财务管理信息化建设虽然已经被企业界广泛接受，并且也得到了应有的重视，但是客观地讲，企业中财务管理信息化方面的操作人员和管理人才还相当缺乏。

因为，虽然财务管理信息化建设已经具备了广泛的社会影响力，但是从其发展历程来看，与传统的财务管理方式相比仍然是新生事物，仍然处在摸着石头过河的探索阶段。财务管理信息化建设既然是新生事物，就必然需要大批的专业人士来熟练驾驭它，而从当前企业财务管理人员的整体结构来看，科班出身的人其实是凤毛麟角、少之又少的，高校里面接受过系统学习的专业人才尚未大面积奔赴社会，企业里面的自有人才又如瞎子摸象，对财务管理信息化建设只是一知半解。毋庸讳言，企业财务管理信息化建设所需的专业人才正处于青黄不接的时期。目前所谓的操作系统、管理系统的专业人员，大多是半路出家，在"速成班"里经过短期的常识性培训就"光荣上岗"了，所以，一旦财务管理信息化的操作系统或者是管理系统出现问题，靠企业自身的技术力量是没有办法解决的，只能请"外援"前来指点迷津。仅从这一点来看，加大财务管理信息化建设的人才培养力度，对于企业财务管理信息化建设的有效开展和顺利实施是尤为重要的。

（四）注重对财务管理信息化软硬件设施并重的建设

在世界范围内信息技术革命的推动下，财务信息化已经成为一种必然趋势。在大的时代背景下，企业没有退路，也没有选择的余地，认识、接受、建设和发展信息化才是明智的抉择，才不会被信息技术进步的浪潮淘汰出市场格局。企业要强化信息化建设成果，就必须坚持软件设施建设与硬件设施建设并重的原则，绝不可厚此薄彼。硬件设施是信息化建设的先决条件，离开它，企业财务管理信息化建设就无从谈起；软件设施是信息化建设的灵魂所系，没有它，企业财务管理信息化建设就是一潭死水。只有把软件设施建设与硬件设施建设有机地结合在一起，让两者同步前进、协同发展，企业财务管理信息化建设才能真正实现其建设的初衷，才能真正做到为企业发展助力加油。

第三节　财务管理与人工智能

当前，人工智能技术已经在我国得到了较快的发展，将人工智能技术与财务管理有机融合，能够实现先进高效的规划、预测、决策、预算、控制、分析等各种财务工作。人工智能在财务管理中的应用，将原本繁复的财务问题进行一一分解，变成若干子问题，然后得到最终的解题答案。

一、人工智能技术给财会行业带来的机遇

（一）提高了财会信息的处理质量

无论是财会行业还是审计行业，都必须严格遵循真实性原则，然而我国财会行业并未将这一原则真正落实到位。这主要是因为实际处理财会信息和审计信息过程中，依旧沿用传统的手工方式进行编制、调整和判断，致使舞弊与错误行为屡见不鲜，所以，为了提高财会信息的真实可靠性，应减少人工处理财会信息的次数，进一步拓展人工智能的应用，从而为财会信息处理的质量和效率提供保证。

（二）促进财会人员有效地工作，节约人力成本

现阶段，我国已经出现了为小企业做账的专业公司，虽然公司领导者对会计记账法与借贷记账法掌握和了解得不是很透彻，但该公司研发的软件可以利用电子技术对原始凭证进行扫描，自动生成符合各级政府部门要求的财务报表，这不仅降低了财会人员的劳动强度，还有效地保证了会计核算的实效性；审计部门利用开发的审计软件在提高审计工作效率的同时，还能在深入剖析财会报告的过程中及时发现审计问题，进而采取科学高效的审计手段解决审计问题。

（三）实施完善的风险预警机制，强化财会人员的风险意识

虽然已经有很多企业具备了风险危机意识，但在风险防范和风险发生过程中的决策能力不足。导致这种情况的根本原因在于企业缺乏一套切实可行、健全的风险预警机制，财会人员无法准确判断存在的风险，也不具备风险意识，所以，在遇到风险问题时往往显得手足无措。首先，由于企业内部资金项目具有繁复性特点，很难顺利地开展纵横向对比；其次，财会人员缺乏较高的信息处理综合能力。因此，利用人工智能技术创建风险预警模型，通过各类真实可靠的财务数据对财务风险进行事先预警，不仅能保障企业资金的运营效率，还能帮助企业及时找出不足之处，从而创设和谐美好的企业发展环境。

（四）实现了更为专业的财会作业流程

当前，财政部已经将管理会计列入了会计改革与发展的重点方向。过去针对业务流程来确立会计职能的工作模式，不仅会造成会计信息核算的重复性，还会影响财务风险预警的有效运行。所以，随着人工智能技术的全面渗透，企业将会对那些只懂得进行重复核算工作的财会人员进行精简，聘用更多有助于自身健康发展的、具备完善管理会计知识的财会人员。

二、人工智能技术在财务管理中的应用

（一）财务管理专家系统

财务管理专家系统涉及财务管理知识、管理经验、管理技能，主要负责处理各类财务问题。为了降低财务管理专家对财务管理过程的描述、分析、验证等工作的劳动强度，很多企业都将涉及管理技能、管理理念及管理环境的财务管理专家系统应用到财务管理工作中。

人工智能技术在财务管理专家系统中的应用，根据具体的财务管理内容将其划分为筹资管理专家系统（涉及资金管理）、投资管理专家系统、营运管理专家系统（涉及风险管理与危机管理）、分配管理专家系统。这些系统中又涵盖财务规划及预测、财务决策、财务预算、财务分析、财务控制几个方面的子系统。

在对各系统进行优化整合后，财务管理专家系统的综合效用便体现出来了：提高了财务预测的精准度和财务控制效率，强化了财务决策的科学性，实现了财务预算与实际的一致性，财务分析更加细致全面，进一步拓展了财务管理的覆盖面。

财务决策子系统在整个系统中占据着重要的比重，而财务决策子系统的顺利运行离不开其他子系统的支持，因此，对这些子系统进行集成后形成了智能化的财务决策支持系统。利用智能化的财务决策支持系统有助于综合评估内部控制与资产分配情况，通过对投资期限、套期保值策略等进行深入分析，能使投资方案进一步优化和完善。

（二）智能财务管理信息共享系统

财务管理查询系统和操作系统是智能财务管理信息共享系统的主要内容。通过 Microsoft Visual Studio.NET 对财务管理查询系统进行部署，然后操作系统中的 IIS 服务负责相关发布。将 .NET 框架设置于发布平台上，该框架负责运作各个 .NET 程序。

智能财务管理信息共享系统为财务管理信息共享提供相应的体系结构，企业会基于节约成本的理念向所有利益有关方传递真实可靠的关联财务信息。简单举例，随着 B/S 模式体系结构的构建并使用，企业实现了成本的合理节约，促进了各财务信息及时有效共享，提高了财务信息的处理效率。

通过操作系统中的 IIS 来发布财务管理查询系统，企业内部各职能部门只需要进入 Web 浏览器就能访问，而企业外部的有关使用者只需要利用互联网就能充分掌握单位每一天的财务状况。

随着智能财务管理信息共享系统的生成并被投入使用，财务管理工作变得更加完善、成熟；同时，在智能财务管理信息共享系统中利用接口技术吸收 ERP 财务信息包，实现了财务管理信息的透明化、公开化，突出了财务管理即时性的特点。

（三）人工神经网络模型

所谓的人工神经网络，指的是通过人工神经元、电子元件等诸多的处理单元对人脑神经系统的工作机理与结构进行抽象、模仿，由各种连接方式共同组成的网络。人工神经网络从范例学习、知识库修改及推理结构的角度出发，拓展了人类的视野范围，并强化了人类的智能控制意识。

人工神经网络模型涉及诸多神经元结合起来产生的模型，人工神经网络涵盖反馈网络，也可分为递归网络与前馈网络两个部分。其中，反馈网络是由诸多神经元结合后生成的产物，将神经元的输出及时地反馈到前一层或者同一层的神经元中，这时信号可实现正向传播与反向传播。由于前馈网络存在递阶分层结构，因此，同一层中各神经元不可以相互连接，由输入层进入输出层的信号以单向传播方式为主，将上层神经元和下层神经元进行了连接，同一层神经元相互之间不能连接。

人工神经网络存在很多类型，如 RBF 网络、BP 网络、ART 网络等。其中，RBF 神经网络现已在客户关系管理、住宅造价估算等领域得到了有效应用；BP 神经网络现已在战略财务管理、风险投资项目评价、固定资产投资预测、账单数据挖掘、纳税评估、物流需求预测等众多领域得到了有效应用；ART 神经网络现已在财务诊断、财务信息质量控制、危机报警等领域得到了高效的应用。

随着经济领域和管理领域对人工智能技术的广泛应用，越来越多的学者将研究重心放在了人工智能层面上，而财务管理中应用 BP 神经网络来预测财务状况取得了可喜的成果。因此，BP 神经网络成为现代人工智能应用研究的关键点，而成功的研究经验为财务管理的研究提供了重要依据。

综上可知，随着科学技术的快速发展，智能化的财务管理已成为必然，运用智能财务管理专家系统有助于提高财务管理水平及效率。今后的财务管理专家系统将逐步朝着智能化、人性化、即时化的方向快速迈进，可以想象，那个时候的智能财务管理专家将会全权负责繁复的财务管理工作，使财务管理人员不再面临庞大的工作量。出于对财务主体持续发展的考虑，在"以人为本"理念的基础上推行科学化财务管理工作，在保证财务主体良性循环发展的同时，为各利益相关者提供预期效益。

第四节　区块链技术与财务审计

区块链可以针对交易创建一个分布式账目，在这一分布式账目中，所有交易的参与者都能存储一份相同的文件，可以对其进行实时访问和查看。对于资金支付业务来说，这种做法影响巨大，可以在确保安全性和时效性的基础上分享信息。区块链的概念对财务和审计有着深远影响。随着财务会计的产生和发展，企业财务关系日益复杂，特别是随着工业革命的兴起，手工作坊被工厂代替，需要核算成本并进行成本分析，财务管理目标从利润最大化发展到股东权益最大化。进入信息时代以来，互联网技术日益发展，企业交易日益网络化，产生了大量的共享数据，人们开发了基于企业资源计划的会计电算化软件和基于客户关系的会计软件，而传统企业进行业务交易时，为了保证客观可信，通过各种纸质会计凭证反映企业间经济关系的真实性。在互联网时代，企业进行业务往来可以通过区块链系统实现两个节点数据共享，以云计算、大数据为代表的互联网前沿技术日益成熟，传统财务管理以成本、利润分析为中心的模式被基于区块链无中心财务分析模式替代。由此可见，区块链技术的应用对财务、审计发展的影响是极为深远的。

一、区块链的概念与特征

区块链就是一个基于网络的分布处理数据库。企业交易数据是分散存储于全球各地的，如何才能实现数据相互链接，这就需要以相互访问的信任作为基础。区块链通过基于物理的数据链路将分散在不同地方的数据联合起来，各区块数据相互调用其他区块数据，并不需要一个作为中心的数据处理系统，它们可以通过链路实现数据互联，削减现有信任成本，提高数据访问速率。区块链是互联网时代的一种分布式记账方式，其主要特征有以下几点：

（一）没有数据管理中心

区块链能将储存在全球范围内各个节点的数据通过数据链路互联，每个节点交易数据能遵循链路规则实现访问，该规则基于密码算法而不是管理中心发放访问信用，每笔交易数据由网络内用户互相审批，所以不需要一个第三方中介机构进行信任背书。对任一节点攻击，不能使其他链路受影响。而在传统的中心化网络中，对一个中心节点实行有效攻击即可破坏整个系统。

（二）无须中心认证

区块链通过链路规则，运用哈希算法，不需要传统权威机构的认证。每笔交易数据由网络内用户相互给予信用得到，随着网络节点数的增加，系统的受攻击可能性呈几何级数下降。在区块链网络中，参与人不需要对任何人信任，只需两者间相互信任，随着节点的增加，系统的安全性反而增加。

（三）无法确定重点攻击目标

由于区块链采取单向哈希算法，网络节点众多，又没中心，很难找到攻击靶子，不能入侵篡改区块链内的数据信息。一旦入侵篡改区块链内数据信息，该节点就被其他节点排斥，从而保证数据安全。

（四）无须第三方支付

区块链技术产生后，各交易对象之间交易后，进行更安全的货款直接支付，无须第三方支付就可实现交易，可以解决由第三方支付带来的双向支付成本，从而降低成本。

二、区块链对审计理论、实践的影响

（一）区块链技术对审计理论体系的影响

1. 审计证据变化

区块链技术的出现，使传统的审计证据发生改变。审计证据包括会计业务文档，如会计凭证。由于区块链技术的出现，企业间交易在网上进行，相互间的经济运行证据变成非纸质数据，审计对证据核对变成由两个区块间通过数据链路实现数据跟踪。

2. 审计程序发生变化

传统审计程序从确定审计目标开始，通过制订计划、执行审计到发表审计意见结束。计算机互联网审计要求采用白箱法和黑箱法对计算机程序进行审计，以检验其运行的可靠性，在执行审计阶段主要通过逆查法，通过区块链技术从报表数据跟踪到会计凭证，实现数据审计工作的客观性和准确性。

（二）区块链技术对审计实践的影响

1. 提高审计工作效率、降低审计成本

计算机审计比传统手工审计效率高。区块链技术为计算机审计的客观性、完整性、永久性和不可更改性提供保证，保证审计具体目标的实现。区块链技术产生后，人们利用互联网大数据实施审计工作，大大提高了审计效率，解决了传统审计证据不能及时证实、不能满足公众对审计证据真实、准确要求的问题，满足了治理层了解真实可靠的会计信息的需求，实现了对管理层有效监管的目的。在传统审计下，需要通过专门审计人员运用询问法对公司相关会计信息发询证函进行函证，需要很长时间才能证实，审计时效性差。而计算机审计，尤其是区块链技术产生后，审计进入网络大数据时代，分布式数据技术能实现各区块间数据共享追踪，区块链技术保证这种共享的安全性，其安全维护成本低；由于区块链没有管理数据中心，具有不可逆性和时间邮戳功能，审计人员和治理层、政府、行业监管机构可以通过区块链及时追踪公司账本，从而保证审计结论的正确性；计算机自动汇总计算，也保证了审计工作的快速高效。

2. 改变审计重要性认定

审计重要性是审计学中的重要概念。传统审计工作需要在审计计划中确定审计重要性指标作为评价依据，审计人员通过对财务数据进行计算，确定各项财务指标，计算重要性比率和金额，通过手工审计发现会计业务中的错报，评价错报金额是否超过重要性金额，从而决定是否需要进一步审计。而在计算机审计条件下，审计工作可以实现以账项为基础的详细审计，很少需要以重要性判断为基础的分析性审计技术。

3. 内部控制的内容与方法也不同

传统审计更多采用以制度为基础的审计，更多运用概率统计技术进行抽样审计，从而解决审计效率与效益相矛盾的问题。区块链技术产生后，人们运用计算机进行审计工作，审计的效率与效果都提高了。虽然区块链技术提高了计算机审计的安全性，但计算机审计风险仍存在，传统内部控制在计算机审计下仍然有必要，但其内容发生了变化，人们更重视计算机及网络安全维护，重视计算机操作人员岗位职责及岗位分工的管理与监督。内部控制评估方法也更多在事后调查评估内部控制环境过程中运用视频监控设备进行实时监控。

三、区块链技术对财务活动的影响

（一）对财务管理中价格和利率的影响

基于互联网的商品或劳务交易，其支付手段更多地表现为数字化、虚拟化，网上商品信息传播公开、透明、无边界与死角。传统商品经济条件下的信息不对称没有了，商品价格更透明了。财务管理中运用的价格、利率等分析因素不同于以前，边际贡献、成本习性也不同了。

（二）财务关系发生变化

财务关系就是企业资金运动过程中所表现的企业与企业经济关系，区块链运用现代分布数据库技术、现代密码学技术，将企业与企业以及企业内部各部门联系起来，通过大协作形成比以往更复杂的财务关系。企业之间的资金运动不再需要以货币为媒介，传统企业支付的是货币，而现代企业支付的是电子货币，财务关系表现为大数据之间的关系，也可以说是区块链关系。

（三）提高财务工作效率

1. 直接投资与融资更方便

传统财务中，筹资成本高，需中间人（如银行等）参与。区块链技术产生后，互联网金融得到了很大程度的发展。在互联网初期，网上支付主要通过银行这个第三方进行，区块链能够实现新形式的点对点融资，人们只需通过互联网下载一个区块链网络的客户端，就能实现交易结算、投资理财、企业资金融通等服务，并且使交易结算、投资、融资的时间从几天、几周变为几分、几秒，能及时反馈投资红利的记录与支付效率，使这些环节更加透明、安全。

2. 提高商务磋商的效率

传统商务磋商通过人员现场交流沟通，对商品交易价格、交易时间、交货方式等进行磋商，最后形成书面合同。而在互联网背景下，由于区块链技术保证网上沟通的真实性、安全性、有效性，通过网上实时视频磋商，通过网络传送合同，通过区块链技术验证合同的有效性，大大提高了财务业务的执行效率。

(四)对财务成本的影响

1. 减少交易环节,节省交易成本

由于区块链技术的运用,电子商务交易能实现点对点的交易结算,交易数据能同 ERP 财务软件协同工作,能实现电子商务交易数据和财务数据及时更新,资金转移支付不需通过银行等中介,解决双向付费问题,尤其在跨境贸易等业务中,少付许多佣金和手续费。

2. 降低了信息获取成本

互联网出现后,人们运用网络从事商务活动,开创商业新模式,商家通过网络就能很容易获得商品信息,通过区块链技术,在大量网络数据中,运用区块链跟踪网络节点,可以监控一个个独立的业务活动,找到投资商,完成企业重组计划,也可以通过区块链技术为企业资金找到出路,获得更多投资收益。可见,区块链降低了财务信息的获取成本。

3. 降低信用维护成本

无数企业间财务数据在网络上运行,需要大量维护成本,如何减少协调成本和建立信任的成本成为一道难题。区块链技术建立不基于中心的信用追踪机制,使人们能通过区块链网络检查企业交易记录、声誉评分以及其他社会经济因素的可信性,交易方能够通过在线数据库查询企业的财务数据,来验证任意对手的身份,从而降低了信用维护成本。

4. 降低财务工作的工序作业成本

企业财务核算与监督有许多工序,每一工序都要花费一定的成本。要做好企业财务工作,保证财务信息的真实性,必须运用区块链技术。区块链技术具有无中心性,能减少财务作业的工序数量,节省每一工序时间,在安全、透明的环境下保证各项财务工作优质高效完成,从总体上节约工序成本。

第五节　网络环境下的财务管理

财务管理在企业中的重要地位众所周知,财务管理工作更要适应企业才能充分发挥其作用,更好地推动企业的发展。随着互联网技术的飞速发展,传统的财务管理难以跟上企业发展的步伐,给企业带来了严重的影响。创新财务管理成为企业实现可持续发展的必然措施,以促进财务管理工作更加适合企业的现代化发展。

一、网络环境下财务管理的优势

在财务管理中应用网络技术,一方面能够给财务管理提供更加精准的数据信息,同时便于数据的收集、整理和分析,不仅大大提高了财务管理的质量和效率,避免或降低财务风险,还可以给企业的管理层提供客观、可靠、科学的决策信息,准确判断企业经营的现状,确定企业以后的经营方向;另一方面打破了地域、空间的限制,有效地实现了资源共享，既能够实现企业部门间的信息互通，还能够实现跨区域数据共享，企业可以及时获取运营数据，对生产经营进行调整，实现财务与业务的协同管理模式，帮助企业在市场竞争中站稳脚跟，提高市场竞争力。

二、网络财务管理中存在的主要问题

网络财务管理虽然有很多优势，但从目前的情况分析，仍存在四个主要问题。

（一）网络财务管理的安全问题

网络财务管理虽然具有开放性优势，但也存在一些不容忽视的安全问题。例如，财务管理人员没有及时将有关信息存入磁盘、光盘，一旦计算机出现问题，财务信息就有可能遗失，影响档案资料的调阅和查找；财务人员可以不留痕迹地删除或伪造财务信息；电脑病毒频繁出现，计算机遭受恶意攻击，也难以保证网络财务管理工作的顺利进行。

（二）网络财务管理的资料保管问题

1. 财务档案保管不规范

财务档案是进行司法处理的有效证据，必须建立严格的保管制度。财务档案的保管，有很多不符合要求的地方。一些部门除了建立综合档案室外，其内部职能科、股、室又分别设立了小档案室，造成部分档案资料无法集中保管，遗失严重。一些部门在进行财务交接时，没有将财务档案妥善保管，有的甚至任意销毁，导致资料调阅和查找十分困难。有的资料室借阅制度不够完善，财务档案存在随意查阅和借出的现象。

2. 档案管理人员综合素质不高

一些部门对档案管理认识不足，投入力度不大，没有按要求配备专业的工作人员，而是由财务人员具体负责。这些财务人员，没有系统学习存档基本知识，整理的档案达不到规定标准。部分档案管理人员知识水平不高，文字表达能力和熟练运用现代化办公设备的能力不强，灵活处理实际问题的本领较弱。

（三）网络财务管理的审计取证问题

由于受传统财务管理的影响，审计人员习惯从账目中查找问题，凭证、账簿、报表成为审计取证的主要依据，审计线索十分清晰。在网络财务管理中，传统单据和纸质记录均已消失，各种财务信息都是以电子形式进行记录，肉眼无法辨别，如果被篡改或删除，几乎没有任何印迹，审计人员很难查找到其中的漏洞，加大了审计难度。另外，由于我国审计取证的相关制度不够健全、审计系统软件开发不够完善，审计人员在进行核查取证时，没有一个合理的衡量标准，审计收集的财务信息不够完善，增加了审计风险，不利于审计质量的有效提升。

（四）网络财务管理的技术人才问题

网络财务管理是网络技术和财务管理结合的产物，不仅需要财务人员熟悉财务知识、网络知识和金融法律知识,而且要掌握排除网络系统故障的方法,具备一定的创新能力。而在实际工作中,低素质的会计人员仍然很多,有些无学历或低学历,有些不懂得网络应用和财务软件的操作,有些不认真钻研业务、工作马马虎虎,这些人员都无法适应网络财务发展的需求。

三、实施网络财务管理的有效策略

(一)网络财务管理的安全策略

①实行档案资料保密制度。财务人员在重要数据处理结束时,应及时清除存储器、联机磁带、磁盘程序,并及时销毁废弃的打印纸张。要定期查看财务档案的安全保存期限,并及时进行复制。②实行财务管理人员保密制度。网络财务管理人员要签订管理责任状,做出相应承诺,保证在职期间和离职后不违反规章制度、泄露财务机密。③实行技术监控制度。建立安全的网络财务系统是网络财务管理顺利进行的根本保证。对财务信息的输入、输出和网络系统的维护,都要严格遵守操作章程,杜绝安全事故发生。要利用加密技术,解决密钥分发的问题;采取防火墙技术,对外部访问实行分层认证;利用数字签名技术和访问限制技术,防止会计系统遭受非法操作或人为破坏。④实行法律保障制度。要吸收和借鉴国外成功经验,探索并制定网络财务管理制度和准则,规范网上交易行为。要对违反管理规定的不法分子进行有力打击,为网络财务管理营造安全的外部环境。

(二)网络财务管理的资料保管策略

①严格建立造册登记制度。财会人员每月记账完毕,应将本月所有记账凭证进行整理,检查有没有缺号、附件是否齐全;然后把每张凭证编上序号,加上封面和封底,按编号的先后顺序将凭证装订成册,贴上标签封存。财会人员要在装订成册的凭证封面上详细填写单位全称和会计凭证名称,同时加盖单位主要负责人和财务管理人员印章。②严格建立资料查询制度。根据《中华人民共和国会计法》《财务从业人员管理条例》的规定,对已经存档的会计资料,若本单位需要查阅,必须经过有关领导同意。查阅时做到不拆封原卷册,不将原始凭证借出。外单位未经过本单位主要领导批示,不能查阅原始凭证,不能复制原始凭证,更不得擅自将原始凭证带离现场。③严格建立保管和销毁制度。会计档案的保管和销毁,必须严格按照会计档案管理规章制度执行,任何人不得随意销毁财务档案。保管期满的财务档案,如果需要销毁,必须列出清单,按照规定经过批准后,才能销毁。④严格建立信息备份和系统升级制度。财务管理人员在日常工作中要严格建立信息备份制度,及时将财务信息存入U盘和磁盘中,便于日后查询和系统恢复需要,以免造成损失。

(三)网络财务管理的审计取证策略

网络财务审计是传统审计的一大飞跃,要采取多种措施提升取证质量。一是要开发审计系统。要研制出能从被审计部门准确有效地获取各种数据信息的系统软件,建立信息库,录入被审部门的有关信息,便于核查取证时查阅,提高数据信息质量。二是要规范审计程序。审计人员审计前要根据工作要求，准备相关材料，避免审计时出现偏差。审计结束后要仔细整理相关材料，使审计取证工作走向有序化、规范化。三是要严守职业道德。审计人员要加强学习，严格约束自己的言行，公平对待每个被审计部门，实行依法审计。

（四）网络财务管理的技术人才策略

1. 加强培训力度，提高员工素质

优秀的复合型人才是实施网络财务管理的根本保证。第一，要具备良好的专业素质。拥有丰富的文化知识和财务知识，能熟练进行网络系统的操作和维护。第二，要具备良好的心理素质。要保持积极向上的精神状态，在成绩面前保持谦虚谨慎的态度，面对挫折和失败有较强的心理承受能力。第三，要具备良好的交际能力、应变能力、观察能力。善于与外界打交道，面对困难能冷静思考、认真分析、妥善处理。

2. 完善激励机制，激发工作潜能

激励人才需要以公平合理的绩效考核为根本，根据每个人的特长和爱好科学设置工作岗位，建立灵活的人才内部流通机制。激励既包括技能比试方面的，如网络知识答辩、计算机操作、会计业务信息化处理等；也包括物质和精神方面的，如加薪、提供住房、外出考察、授予荣誉称号、休假、参与决策等。要营造一个公平、公正、公开的竞争环境，形成你追我赶、不甘落后的良好氛围，激发财务管理人员的工作潜能和工作热情，从而更好地完成目标任务。

第六节 企业税收筹划的财务管理

在现代企业的经营管理系统中，合理地开展税收筹划工作将对企业的财务管理产生十分积极的影响，甚至将影响企业的整体经营策略。因此，企业应当努力理清自身在税收筹划与财务管理上的相关性关系，这样可以帮助其降低经营过程中的税负成本，从而使财务管理工作更加高效并最终为企业实现经济效益最大化打下坚实的基础。

一、企业税收筹划与财务管理的相关性特点

（一）目标上的相关性

从根本上来看，税收筹划的目标是由企业的财务管理目标决定的，两者的最终方向都是通过降低企业财务风险的方式来保证企业经济利益达到最大化。从这一点来看，税收筹划某种程度上可以被看作是财务管理的一部分。这就决定了企业决策者在选择税收筹划方案时，要确保其在法律范围内收获最高的企业利润，从而使企业的财务管理工作达到最优化，同时税收筹划的制定及运用得好坏程度，一定程度上也能够反映出企业财务管理的质量如何。

（二）对象上的相关性

企业资金的循环周转情况属于财务管理的范围，而企业的应缴纳税收资金额则属于税收筹划的范畴。从管理对象上来看，两者有着很强的相关性。税收筹划的管理对象是企业的应缴纳税收资金，通过在法律规定的框架内运用各种手段来降低企业税负。而财务管理的对象则是企业的所有资产，其需要保证企业的现金流始终处于周转中，以此来提升企业的资金利用率，从而保障企业的经济利益。税收筹划的质量将对财务管理的质量产生直接的影响。

（三）职能上的相关性

在职能上税收筹划主要体现在降低企业的应纳税额，而财务管理则主要体现在财务人员对公司资产的决策、计划和控制方面。财务决策包括决策者、决策对象、决策信息、决策理论和方法等多个方面。而税收策划作为财务决策的一项重要内容，两者之间既相互影响又相互促进，特别是在筹资、投资和日常经营过程中，税收筹划都能对财务管理产生影响，同时，财务管理的相关技术也可以在税收筹划中得到应用以帮助其更好地开展工作。

财务管理作为现代企业管理系统，是价值管理体系的重要组成部分。税收筹划已经渗透到企业市场的各种商业活动领域，对于企业市场决策的制定具有重要意义。在新的时代，企业税收筹划和财务管理之间的密切关系使企业能够认识到税收筹划的必要性。

二、企业税收筹划和财务管理之间的相关性分析

（一）税收筹划与财务管理之间是有层次的，一层一层递进

从市场经济学的角度来看，税收筹划隶属于财务管理活动和计划活动。从税收筹划规划的目的来看，税收筹划应该属于财务类别，与企业的经济活动密切相关。

科学合理的财务筹划和以公司财务管理目标为核心的税务筹划活动，将有助于实现财务管理目标，通过设计、选择和实施财务计划，管理目标就可以实现，经济利益就可以提高。公司的财务价值管理有一定的目标，税收筹划的目标是公司的财务管理，这就形成了一定的层次性。也就是说，税收筹划分层次和多元化的规划目标必须与财务管理目标保持一致。利益最大化是公司价值的最终目标。商业决策者在进行税务筹划时，税务规划的目标必须与企业财务目标保持一致，税收计划是基于员工的财务管理目标来实现的。从更科学的观点来看，税收筹划是一个多元化的目标系统，市场上的公司有不同的发展目标时，税务筹划目标将相应改变。因此，没有必要对企业税收进行计划，如何减少税务风险、实现企业商业价值最大化是相关人员应该重视的问题。

（二）税收筹划和财务管理是一个统一的整体

税收筹划是企业财务决策的重要组成部分，也是企业进行财务决策的重要参考因素。税收筹划更容易收集更有效的税务信息和原则，便于决策者收集税务信息并做出财务管理

决策，税收筹划起着财务指导和管理的作用；同时，税收筹划是财务计划的组成部分，这反过来又为财务目标服务，成为一个有机的整体。因此，税收筹划不能与公司财务分开控制。财务控制是实施税收筹划的目标和方案，为了确保计划的顺利实施，在执行计划时要监督税务支出、控制税收成本，根据实际情况来反馈税收筹划方案的实施情况并进行相应的评估，以改进后续的决策。

（三）税收筹划和财务管理之间存在内在关联

企业经营活动中的税收筹划与企业财务管理在内容方面有很高的相关性。根据税收计划，由于税法中不同融资方式的成本计算方法不同，所以会对实际的税收收入产生重要影响，直接影响公司的实际税收。因此，公司要继续以税收征管为引导，优化融资结构，完善融资理念，积极实施税收筹划。为了最大限度地发挥企业的效益，公司必须全面考虑市场中的各种因素，特别是重点抓好投资方式和具体投资地点。通过实施该计划，可以更好地优化投资选择并提高公司的经济效益。另外，税收政策不仅影响利润分配，还会限制累积收益。因此，企业的利润分配也需要税收筹划。总而言之，税务筹划问题贯穿于公司财务管理活动的各个组成部分，它被整合于财务管理的各个方面，与企业财务管理的内容密切相关。

（四）税收筹款还能与财务管理融合

对于企业财务管理，税务筹划工作可以发挥出系统性和综合性的作用。这是一项系统的、技术性的工作。结合财务管理，税收筹划可以实现企业各项财务管理指标。由于企业税务和财务管理有着千丝万缕的联系，税收筹划应纳入财务管理的各个方面，以最大限度地促进公司的长期发展。公司税务规划和财务管理活动客观地整合和互动，相互融合为一个整体，尤其是实施税收计划对公司的财务管理有着直接影响。除了客观反映公司的财务管理情况和管理水平之外，税务计划还可以改善公司的利润增长和财务管理，这也使得实施具体的期权计划和税收筹划成为可能。为了加强税收管理，应不断引进先进的人才，完善管理制度，不断提高财务管理人员的素质，为实施企业税制提供有力保障。

三、企业财务管理理念对于税收筹划的具体应用分析

（一）货币时间的价值性和延后纳税

货币价值在企业生产活动中具有一定的时效性，换句话说，在资金轮换期间，货币价值会上涨。这样，当一家公司进行财务管理时，可以使用货币的时间价值性来提高管理决策的准确性，并使用时间价值在初始纳税时支付少量税款，在纳税后期缴纳更多税款，从而相对减轻公司的税负，这就是"延迟纳税"。延迟纳税主要反映在企业固定资产折旧方法和存货的估值方法上，具体方式就是企业可以按照金融体系的有关规定使用平均寿命方法进行折旧，如果采用比例税率方式，提前支付企业所得税，折旧费用就会增加，货币价

值也就高了。因此，在税法规定的范围内，使用加速折旧法可以使企业固定资产升值，相对减轻企业的税负，并能起到积极的作用。

（二）运用于税收筹划的成本效益分析

在进行税收筹划时，公司也承担一定的风险。在获得税收的同时，可能还需要支付一定数量的计划成本。具体来说，税收筹划成本通常包括三个方面：直接成本、机会成本和风险成本。直接成本是指纳税人为节省税收而发生的人力、物力和财力支出；机会成本是指企业在采用税收筹划计划时为争取最大收益的成本放弃其他计划；风险成本是指由于计划错误而导致的经济损失。当公司计划税收时，他们必须选择具体的计划，并且只有在保证成本效益的前提下才能取得更好的结果。如果税收计划成本低于预期收益，那么这个计划是可行的，否则就会使公司遭受经济损失。

综上所述，财务规划是结合公司的税务情况进行的，税收的战略作用影响了企业的财务计划。因此，企业有必要充分考虑现实的金融环境，使用税务规划工具有效分配企业资源，制定企业发展战略，为公司提供更可靠的市场决策，力争让公司通过在合理范围内减税来获得最大的经济利益，提高公司的竞争力。

第九章 财务审计

第一节 财务审计难点

在市场经济条件下,企业需要采取措施提高自身资金的使用效率,避免发生侵占、贪污企业财产的现象。为此,企业需要在财务审计方面加大力度。当前,随着经济的不断发展,人们的生活水平逐渐提高,为了满足人们的需求,企业需要引进新的设备,不断扩大生产规模。在这种情况下,企业的财务审计活动随之发生变化。随着经济一体化进程的不断推进,为了与国际审计工作保持同步,企业财务管理部门需要对审计工作进行深入的研究分析。同时,为了帮助企业提高自身的审计工作水平,以及提升财务审计能力,在组织开展审计工作的过程中,需要充分利用当前的计算机技术、先进的审计方法等。根据企业财务管理的实际需要,企业需要对财务审计工作的特点进行重点分析,确保自身财务管理工作的顺利开展。

一、企业财务审计工作实际需求

在我国,随着经济的不断发展,人们的生活水平逐渐提高,为了满足市场需求,企业需要在现有的基础上,不断扩大生产规模,在这种情况下,企业的财务审计内容随之发生相应的变化。在新的历史时期,企业的财务管理部门需要不断满足自身财务审计工作的实际需求,对自身财务审计的内容及财务审计的需求进行研究分析,在明确审计工作要求的前提下,采取相应的措施,在一定程度上提高企业财务审计工作的效率和质量。在新的历史时期,通过扩大规模降低生产成本的现象在我国市场经济中普遍存在,在计划经济向市场经济转变的过程中,企业自主权不断扩大,在这种情况下,企业的营销渠道拓宽了。企业在日常经营活动中,财务管理的工作量因自身配置资源、收支经费等情况呈现出不断增加的趋势。为了帮助企业实现财务管理目标,同时提高企业资金的使用效率,需要采取措施,进一步完善财务审计工作,通过建立完善的审计体系,在一定程度上帮助企业提高财务审计工作的质量,确保企业财务审计工作顺利开展。

二、企业财务审计的难点

（一）审计人员整体素质偏低

在组织开展审计工作的过程中，具备丰富的审计、会计、法律等相关专业知识是从事审计工作的基础。但是，目前我国企业的审计人员普遍存在业务素质偏低的现象，并且在政策水平方面存在较大的差异。在审计人员中，既有大、中专的毕业生，也有从事财会工作的，文化程度普遍较低。在行业发展政策、财务管理等方面，对于各项规章制度和会计专业技术知识等，一部分审计人员还没有熟练地掌握。对于审计从业人员来说，开展标准化的业务工作还有很长的路要走。

（二）审计环境不理想

对于企业来说，审计就是一种监督方式。通常情况下，这种监督方式势必会损害某些地区或群体的利益，导致整个企业的审计环境不太理想。首先，企业没有建立相应的规章制度，没有与政府设置的纪检监察、组织人事等部门建立审计联动机制，在一定程度上影响了审计的运用，不能有效地落实审计的整改建议。其次，法律法规不完善，惩罚责任人缺乏相应的法律依据，难以通过党纪、政纪对违反财经纪律的责任人进行处理，在移交司法机关的各种行政案件中，难以通过违法违纪问题界定的案件又不能立案，这种问题久拖不决，对其进行处罚并促其整改存在一定的难度，不仅增加了审计工作的难度，而且对个别人的违纪违法行为难以进行有效的遏制。

（三）审计立法滞后

与国家审计、社会审计相比，现有的企业审计早已不能适应企业发展的需要，而企业所在地政府制定实施的一些规范性文件，缺乏法律依据，这就模糊了企业审计的法律地位，在一定程度上增加了审计工作的难度。

三、解决企业财务审计工作的具体对策

（一）对财务审计人员进行教育和培训，提高业务素质

为了满足财务审计工作的需求，财务审计工作人员必须具备较高的财务理论水平和业务技术水平，同时需要具备良好的职业道德品质。为此，财务审计单位要针对这些要求，对财务审计工作人员进行教育和培训：选拔业务骨干到高校或专业机构进行系统学习；根据自身的实际情况，在条件允许的情况下，聘请行业专家进行业务辅导。另外，企业财务管理部门需要对财务审计人员进行政治业务培训，建立相应的规章制度，严格要求从业人员持证上岗，同时对从业人员进行定期的考核，对于考核不合格的财务人员进行淘汰。通过上述举措，可以在一定程度上确保财务审计人员不断提升自身的修养，从而建立一支高素质的财务审计队伍。

（二）优化财务审计环境

首先，财务管理部门需要与其他部门加强沟通和交流，进一步获得其他部门的支持，这是财务管理部门有效开展财务审计工作的关键。其次，对财务审计的重要性进行大力宣传，努力争取社会各界对财务审计工作的认可和支持。最后，财务管理部门需要与执法机关主动进行沟通，在财务审计过程中，对于有重大违纪、违法现象的工作人员，应及时移送纪检、司法机关处置，切实发挥审计工作的监督作用。

（三）建立和完善财务审计管理体系

在新的历史时期，为了确保企业满足财务审计工作的需要，对于财务管理部门来说，需要建立和完善财务审计体系，提高资金的使用效率。在日常经营过程中，为了满足市场需求，企业需要不断扩大生产规模，在这种情况下，企业财务管理部门需要采取措施，不断完善传统的财务审计管理体系。同时，随着生产规模的不断扩大，企业的人员数量急剧增加，这就对基层管理人员的素质提出了更高的要求，因此需要不断完善审计工作内容。通过建立和完善审计管理体系，帮助财务管理部门提高审计管理能力和审计效率，并在一定程度上对财务审计工作进行指导。

（四）明确财务审计工作重点，提高审计工作质量

在激烈的市场竞争中，企业为了实现自身的生存与发展，在经营过程中，需要研究分析财务审计工作的难点，同时在组织开展财务审计工作时，重点突出财务审计工作，并且给予一定的人为倾斜。为了有效地使用企业的现有资金，在使用资金的过程中，需要满足财务审计工作的实际需要，并且采取措施确保资金使用的合法性，同时借助预算、审计等方式，在一定程度上切实维护资金使用的科学性、合理性。在新的历史条件下，为了帮助审计部门实现财务审计工作目标，需要综合分析财务审计工作中存在的难点，进一步明确财务审计工作的内容，并以此为基础，重点做好财务审计、专项资金审计等工作。

综上所述，在激烈的市场竞争中，企业需要结合自身的实际情况，高度重视财务审计工作。通过对企业财务审计工作中存在的难点进行研究分析，进一步明确企业财务审计工作的重点，同时以此为基础，对企业的日常经营活动、财务管理工作等进行指导。在新的历史时期，需要对企业的财务审计工作进行改革和创新，在一定程度上弥补我国企业传统资金来源单一的不足。以此为基础，建立和完善审计制度，组织开展审计改革、创新工作，同时以财务审计为核心，进一步推动企业的持续发展。

第二节　财务审计的必要性及风险

近年来，我国社会主义市场经济得到蓬勃发展，随之而来的是各大上市公司为获取超额利润而进行财务造假的事件，不仅严重损害了债权人、顾客、政府、社区等在内的广大

利益相关者的切身利益,而且对社会造成了不良影响,不利于我国经济健康持续地发展。因此,审计应运而生。审计意味着在受托责任关系之下,注册会计师可以对财产经营者进行合规性审查,它能够有效地保障财产所有者的利益在最大限度上不受侵害,对我国经济的繁荣发展起着不容忽视的作用。本节主要从审计的必要性及风险评估两个方面进行论述,能够在一定程度上为有效开展审计工作提供借鉴意义。

一、审计的必要性

从广义上来讲,企业的利益相关者不仅局限于企业的股东与经营管理者,还包含员工、客户、企业上游的供应商与下游的经销商,以及政府、社区居民等在内的广大利益主体。因此,一个企业的成败与诚信,不仅与其股东、经营者的利益相关,还会或多或少地波及大范围的相关社会人群,影响一个地区、一个国家,甚至是整个世界的经济、社会、文化环境。唯有以审计这种方式对各企业加以有效的监督与制约,才能最大限度地减少其财务作假的动机与侥幸心理,从而维护大多数人的利益,维持社会稳定和谐,为我国经济的良性发展提供保障。

此外,股东(出资人,包括机构出资人与社会出资人)在企业众多治理主体中占据着关键、核心的地位,他们与企业之间的关系是纯契约关系,依靠公司的规章制度获取利益,容易受到侵害,因此,他们对企业的运营情况最为关注,希望通过对公司治理施加影响,实现自身利益最大化。而股东与经营管理者是委托代理关系,简单来说,经营管理者相当于股东花钱雇用来为企业经营服务的高级雇员。有时二者的利益并非完全一致,经营管理者可能会出现违背股东意愿与公司价值观而牟取私利的情况。因此,在这种所有权与经营权分离的框架下,为解决股东与企业管理者之间的监督与制衡问题,对企业的财务报表及其构成进行审计,成为企业发展过程中不可缺少的一个步骤。

二、行政事业单位财务审计应用中存在的风险

虽然与现代经济社会相适应的财务审计已经被应用在我国的部分行政事业单位的财务工作中,但是这些行政事业单位有部分硬件或软件达不到正常应用财务审计的相关要求。比如,财务审计机构设置的依赖性太强、财务审计相关工作人员对财务审计工作认识不清晰、财务审计制度尚未健全等,这些问题都使财务审计在应用中存在一定的风险。

(一)财务审计机构设置的依赖性太强

我国当前大多数行政事业单位在对待财务审计机构的设置问题上都不够重视,导致财务审计被纳入事业单位的内部纪检部门或者是财会部门,将财务审计部门作为独立部门设置的做法少之又少,这使得财务审计部门的主要功能得不到有效的发挥。

（二）对财务审计工作认识不清晰

我国的部分行政事业单位对财务审计工作的认识还不够全面清晰，因而对财务审计工作没有一个明确的定位，继而使财务审计工作显得形式化而不具备实际意义。

（三）财务审计制度尚未健全

作为一项规范性与专业性较强的工作，财务审计工作在行政事业单位的开展中得不到充分重视，其严格并且规范化的业务操作被偷工减料或是敷衍了事。从我国当前的财务审计工作的实施状况来看，财务审计制度尚未健全，这一弊端越来越明显。在财务工作围绕的范围、财务审计的程序、财务审计的分工、财务审计的内容及财务审计的报告等方面，都体现了财务审计制度的不完善、不健全。

（四）财务审计工作缺乏必要的执行力

在行政事业单位的设置依赖性太强、独立性不足的情况下，单位在财务审计中的执行力度必然不足。调查显示，我国大多数的财务审计的主要方向都只是单纯地对财务进行审计而未对单位的财务起到警醒的作用，这就在一定程度上对单位的管理造成了较为严重的影响。而管理者对财务审计工作不够重视，也是导致审计工作缺乏执行力的因素之一。

（五）财务审计人员的综合素质有待提高

目前，我国行政事业单位中大多数财务审计工作人员仅仅对审计专业知识较为了解，对财务软件的认识及计算机操作能力都有所欠缺。此外，财务审计工作是财务与审计两部分内容的结合，二者之间的关联性较强。但现在的大部分行政事业单位将这两者的关联性削弱了，两者呈现相分离的状态，这十分不利于财务审计工作的开展。

三、优化行政事业单位财务审计的措施

（一）合理配置财务审计人员

行政事业单位内部财务审计的内容和对象等随着各种体制的改革而变化着，由此，财务审计人员除了要具备应有的专业知识以外，还需要熟练掌握会计、工程预算、税务以及相关的法律知识等诸多内容。这就导致对财务审计人员的要求太过严苛，甚少有人能同时具备这些能力，因而行政事业单位应根据自身的需要去配置优秀的会计师、工程师、审计师及律师等。

（二）加强对财务审计工作性质的认知

随着我国社会的不断发展，财务审计与行政事业单位管理的关系越来越密切，因此单位务必要足够重视财务审计工作及其风险。行政事业单位的管理者应多强调财务审计工作的重要性，引起员工对财务审计的重视，从而认清财务审计的工作内容并明确财务审计的工作性质。应将行政事业单位内部审计机构进行重新定位，行政事业单位的存在目的是在

一定经费保障下履行国家赋予的公共管理职能，如何有效地实现这一目标，很大程度上取决于单位的控制环境，财务审计正是行政事业单位改善内部控制、加强内部监督的有效方法之一。通过财务审计对单位存在风险进行经常性的审查、分析及评估，提高行政事业单位的资金使用效益，防范腐败等行为，不断加强单位控制环境，确保职能目标的实现。因此，要多渠道、多角度地宣传财务设计的价值，以促进行政事业单位领导层与干部职工对财务审计的认识。

（三）健全财务审计内部机制

行政事业单位在建立财务审计内部机制的时候，除了要将财务审计部门与其他职能部门分设开来以外，还需要对财务审计部门人员制定工作规范，避免与其他部门建立利益关系。财务审计工作的开展要按照规范化的规章制度进行，以保证财务审计报告数据的真实性。

（四）提高财务审计人员的综合素质

财务审计人员是财务审计工作开展的基础，所以财务审计人员的综合素质对行政事业单位的整个财务工作具有很大的影响力。这首先就要求招聘部门在招聘选拔人才的时候，应该选择录用高素质、专业性强及工作能力强的综合型人才。与此同时，对在职的财务审计人员也要进行不定期的专业知识培训和各种与审计工作相关的先进理念交流，进而推动行政事业的健康稳定发展。

由此观之，在社会不断发展的今天，行政事业单位必须重视财务审计工作，这样才能让单位朝着健康可持续的方向发展。从财务审计对行政事业单位发展的影响来看，加强财务审计的独立性、完善财务审计内部机制、提高财务审计人员的综合素质、规避行政事业单位腐败等问题都必须得到落实，只有这样才能使行政事业单位越来越规范、高效地运行。

第三节　财务审计的独立性

财务审计是企业发展历程当中的一种十分重要的内控手段与途径，对企业的各项经济活动及财务管理工作等具有十分突出的约束性效果。然而，企业在财务审计方面尚存在很多突出的问题，尤其是在财务审计独立性方面，最为突出的一个问题就是企业对财务审计的独立性重视不够，对企业财务审计重要职能的发挥产生不利影响，同时也对企业的可持续发展产生不利的影响。本节首先对财务审计独立性存在的相关问题进行分析，然后提出具体的对策，旨在为提高财务审计独立性水平提供切实可行的依据与参考。

所谓审计独立性，主要指的就是审计工作人员对被审计单位保持精神方面的独立及实质方面的独立，它是审计工作的一项最为基础的原则。所谓精神方面的独立，主要指审计工作人员在开展审计的过程当中，姿态保持独立，从公正客观的角度出发，自由地对审计的相关证据进行收集，根据相关标准及原则，缜密地评价财务审计证据，严守职业道德，对各个方面的压力不屈服。目前,财务审计中独立性存在着诸多突出性的问题,应该清楚地认识到这些问题,以提高财务审计的独立性水平。

一、财务审计中的独立性概述

财务审计中的独立性,主要是指审计工作人员在开展财务审计过程中,需要保持自身的独立性与客观性,不受被审计单位及相关个人的影响。毋庸置疑,财务审计中的独立性是注册会计师开展审计工作的一个十分重要的环节和途径。然而,在其开展的实际独立审计工作过程当中,往往会存在诚信方面的问题,常常忽略了相关的准则,独立性不能仅仅体现在形式化或者表面化的层面。执行准则应该注意对该流程及其实际本质含义等方面给予深入的认识和掌握。因此,对于财务审计工作人员,其不仅仅要确保精神方面的独立性,还要从形式方面确保独立性,这样才可以获取公众的信任。

二、财务审计中独立性存在的问题分析

目前,市场经济发展规模日益扩大,市场经济的发展速度是空前的,这就为资本的趋利性营造了很好的环境。然而能够揭露经济及财务等方面的舞弊案的,不再仅仅是注册会计师或者事务所,还有那些外行的媒体。为何注册会计师具备专业化的胜任水平,而未尽到审计责任呢?因此,我国注册会计师审计的独立性权益受到了高度的关注与重视。

(一)体制对财务审计独立性的影响较大

我国现有的会计师执业方面的经历及其目前所处的大环境,均会对财务审计独立性的实现产生深远的影响。最初的会计师事务所兴办的性质为"公办"或者"官办"。这在一定程度上推动了会计师职业的发展,同时也存在一些缺陷。例如,目前普遍存在的挂靠现象,往往会导致天然的"母子"利益关系,导致财务审计市场出现畸形发展的现象。20世纪90年代末,会计师事务所改制完成,然而这种关系也无法真正地彻底脱钩。所以,为了对本地会计师事务所的发展进行更好的扶持,某些地方政府会过多地开展行政干预工作,导致行业以及区域性垄断的产生,这就会使得会计师事务所之间形成不公平甚至是恶性竞争关系,同时也使得会计师事务所出具的财务审计报告不能与行政之间相脱钩。在这样的环境下,注册会计师难以保持其所特有的独立性,那么也就不能确保财务审计的质量。

(二)事后惩戒机制未能完全构建或者完全处于缺失状态

改革开放后我国虽然在市场经济方面取得了较快的发展,但是仍然处于初级发展阶段,未能构建健全的法制体系,监管手段也十分落后,且发展得不够成熟,上市企业数据造假常常很难被发现。注册会计师受到被审计单位的压力较大,这就会使得很多注册会计师所出具的财务审计报告数据不真实。财务审计报告数据造假成本较低,同时造假会给合作双方带来较大的经济效益,这也是财务审计报告造假现象频频发生的一个重要原因。与此同

时，虽然我国相关法律法规对单位及注册会计师的违规行为的行政职责、刑事职责及民事赔偿职责等方面均有较完善的规定，但执行起来仍有难度。

（三）审计人员的审计水平有待提高

从审计水平及审计能力的角度来看，目前我国很多审计人员与其他国家的审计人员存在多方面的差距，尤其是专业水平和道德水平均高的审计师数量非常少，而且我国还缺乏监察及培训等机构或部门，使得审计人员难以快速提升自身的职业水平。

（四）企业经济效益会对财务审计独立性产生一定的影响

在开展财务审计过程当中，往往会存在如下三个方面的关系：一是委托人与审计人之间的关系；二是审计人与被审计人之间的关系；三是被审计人与委托人之间的关系。其中突出性问题在于：一般而言，社会公众不会直接委托注册会计师，而是通过被审查单位委托，并根据审计量或者审计规模的大小给予审计师一定的酬劳。在这个过程中，就极有可能导致财务审计独立性功能的缺失或者未构建财务审计独立性机制。在经济利益的驱动之下，注册审计师收取了委托单位的费用，但是其中却存在着一个突出的矛盾，即一方面为了减少成本而想到数据造假，另一方面又要向投资者、债权人与社会公众等负责，于是二者之间的关系就会变得十分微妙和复杂。

（五）企业对财务审计中独立性的认可水平低下

从目前的发展现状而言，很多委托审计的企业或者单位对开展财务审计工作的意识水平较低，尤其是对财务审计中的独立性的认可水平较低，在很大程度上使得企业的财务审计工作效率不高。出现该问题的一个重要原因就是企业管理层在财务审计独立性方面的认知程度不够，甚至还有一些发展规模较小的企业，由于疏于管理，财务审计独立性水平普遍不高，这些企业的管理者大多仅仅设置一个部门制约资金方面的浪费，而并未构建完善或者完备的财务审计管理制度，致使企业的管理水平显著下降。

（六）财务审计工作人员的职业道德及业务素养不高

企业财务审计工作人员的业务水平高低，会对企业的财务审计工作造成直接影响，也会很大程度上影响企业的发展前景以及社会声誉度。所以，企业的财务审计工作需要业务水平高、能力强的工作人员来担任。然而，目前我国财务审计人员数量非常少，而且绝大多数财务审计工作人员的专业素质水平低下，不仅会在很大程度上阻碍其财务审计工作的顺利开展，还极有可能造成企业出现巨大的经济漏洞。

三、当前强化财务审计独立性的具体举措

针对当前财务审计独立性存在的突出性问题，现提出如下几个强化财务审计独立性的具体对策：

（一）不断完善组织架构

财务审计架构的完善策略，主要包括以下几方面的内容：①强化合伙制的会计师事务所组织体制的构建和完善。在会计师事务所初期发展阶段，一般会以有限公司的形式进行，但是此种形式的会计师事务所的注册资本水平低下，对会计师事务所的长期可持续发展极为不利，也不能使会计师树立牢固的风险防范意识。而与传统组织体制不同的是，合伙制的会计师事务所承担的是无限的责任，合伙人的利益与会计师事务所的发展之间存在十分密切的关联性。此外，采取合伙制的组织体制形式，还能够提高注册会计师的独立性，那么也就能很好地确保财务审计的独立性，同时所出具的财务审计报告也就更加真实、逼真，也能够使财务审计报告具有较强的约束力，促进合作双方的良性发展，互相不损害自身的利益。②通过不断地完善公司治理结构，选择合适的会计师事务所，改变传统的政府选择模式，有效地规避了行政干预或者政府干预对财务审计的影响。将委托人制度加以改变，将此制度变为审计委托人是企业的股东，而并非管理当局，这样就能够促使股东大会的作用发挥到极致。③促使审计市场的准入水平得以提高。对于规模较大的会计师事务所，其担保水平高，可以有效地淡化财务审计活动的地域性色彩。随着审计市场国际化的发展趋势越来越显著，越来越需要竞争水平较高的会计师事务所。

（二）强化企业对财务审计独立性的认知水平

高度重视和关注财务审计工作及其独立性，能够在很大程度上促使企业快速、高效地发展与运营，应该意识到财务审计独立性的重要意义与价值，制定科学化及规范化的财务审计制度，不断完善相关制度，组织审计工作人员进行培训和学习，强化对其监管力度，要求其严格地根据相应的制度来开展财务审计工作，从而保证企业财务审计工作效率的提升。与此同时，还应该注意财务审计工作的独立性，为其设置一个相对独立的部门，且构建一个完善的和规范化的财务审计结构。

（三）加强对财务审计工作人员的管理和再教育

财务审计工作若要高效、高质地开展，还需注重强化对财务审计工作人员的管理和再教育，企业在选择财务审计工作人员时，应对财务审计过程进行严格的把关处理，一般要选择经验丰富、业务水准高的财务审计工作人员。在确定相关人员后，还需对其开展管理以及再教育，定期组织培训活动，不断更新和充实其专业知识储备库，这样就能够在很大程度上提高财务审计工作水平与质量，财务审计工作的独立性也能够得到保障。与此同时，编制出的财务审计报告不仅能够真实地反映企业的财务或者经济发展状况，还能够对企业投资人、参股人及社会公众负责。在这样的合作环境下，双方均能够得到良性发展，促使企业朝着稳健的方向发展。

（四）对会计师事务所及注册会计师的民事赔偿责任加以明确

我国对会计师事务所及注册会计师的违规处罚力度尚未明晰。现行的《中华人民共和国注册会计师法》虽然对行政、刑事及民事责任进行了明确的规定，但是在实际操作方面还不够。在实际应用过程中，也只是偏重追究当事人的行政责任，对民事赔偿责任的应用情况则相对较少。强化民事责任，是以牺牲注册会计师的经济利益为代价的，以此对注册会计师行业加以约束和规范。

（五）提升注册会计师的执业道德水平

注册会计师是财务审计工作的直接实施者，其执业素质及执业道德水平的高低，直接关系着财务审计报告的质量。具体而言，应该采取如下两方面的举措提高注册会计师的执业素质和执业道德水平：①促使专业胜任水平的显著提升。强化会计师的再教育和再培训，从而促使其专业技术水平显著提高。基于审计市场的开放性，对国外注册会计师的先进经验加以学习，并严格执行注册会计师年检制度。定期举办培训考试，在理论方面提高注册会计师的知识水平。②强化注册会计师的职业道德教育。注册会计师的职业道德水平与保持独立性是紧密相关的，所有独立性的缺失都与缺少职业道德有关。

综上所述，当前财务审计工作的独立性存在很多突出性问题，诸如：体制影响对财务审计独立性的影响较大，缺乏严格的事后惩戒机制，注册会计师执业水平普遍不高，企业经济效益会对财务审计独立性产生一定的影响，企业对财务审计中的独立性的认可水平低下，财务审计工作人员水平低下，等等，这些问题对财务审计工作的独立性产生了较大的不利影响。对此，应该积极采取各种相应的措施，以提高财务审计工作的独立性水平，让财务审计能够真正发挥应有的作用和效力，真正为企业服务。

第四节 财务审计中的会计核算

在企业的经营和管理中，会计工作一直是一项重要的工作，在企业的发展中发挥着不可替代的作用。财务审计工作更是会计工作的重要组成部分，它能够对企业的生产经营状况进行正确地反映。只有通过财务审计工作对公司的资金流动进行反映和管理，对企业管理中的财务报表等信息进行准确地判断，才能够有效地分析企业中存在的财务和资金问题，让企业采取正确的解决方法。在企业的财务管理工作中，财务审计也具有监督功能，能够保证企业工作的正确性和准确性。同时，还能够将企业的收益和资金流动进行准确的管理，以最大限度地提高企业的经济效益。

一、财务监督中财务审计的基本含义

会计的监查工作能够保障基本财务会计工作的顺利进行，提高整体的财务管理水平。财务审计工作的主要内容就是对财务会计进行真实准确的记录，依照会计原则监督和管理财务报表的真实和准确性。财务审计工作的基本出发点是对企业的财务报表进行监督，正确地反映企业的资金状况和流向。财务审计工作对企业的资产和资金进行真实的记录，利

用会计监查工作实现整体的监督，主要起到的作用是防止企业的违法行为，同时也能够实现宏观调控的作用。在企业管理中，财务审计能够有效地遏制企业中违反规定和法律的行为，也能够保证企业的组织管理顺利进行，为企业的发展奠定基础。财务审计属于会计科学审查，主要研究内容就是会计工作的真实记录，以帮助企业管理层透过正确的会计信息来做出正确的决定。

二、会计审计中的会计核算方法

（一）钩稽关系和核对法

在审计进行查账管理的过程中，要把相关联的会计资料当作钩稽关系的导线，并且辅之以核对法。核对法主要是指运用两种以上的书面资料来进行相关交叉对照，来核对双方是否有不同之处，以及最后计算出的数据是否正确。在进行核对的过程中可以找到存在的相关问题，并且对所产生的问题进行客观准确的分析，来判断相关问题造成的原因。通过这样的方式来进行问题的分析，并且运用相关的结果来准确制定解决措施，最大限度地降低企业的经济损失，保证企业的资金流通。

（二）账户对应关系和账户分析法

在企业经营和管理的过程中，复式记账法是会计核算方法的主要形式，在账户之间建立一种依存、对照的关系，这样的方式被称作账户对应关系。在审计进行查账的流程中，把账户对应关系当作主要的关键点，并且可以多样化地运用账户分析法。账户分析法主要是建立在账户相关性的基础上，找出其中不合理的现象，同时能够准确、及时地发现和解决问题。在会计核算过程中，对银行的存款和借款进行系统化的分析和管理，查看相关情况，为日后的检查和管理工作提供重要的保证，及时发现问题和提出解决措施。

（三）流程分析法

在审计工作进行的过程中，要把内部控制制度当作主体，并且在工作过程中能够准确地运用流程控制图分析方法，然后对企业内部控制制度进行严格审查和评价。流程分析法主要是指把审查的相关项目的内部控制图绘成相匹配的流程图，并且通过分析整个流程图，找到项目中存在的相关问题。这种方法的优点，在于能够更加直接和全面地指导项目中存在的问题，同时进行分析，然后用文字的方式来准确解决，直接使用特殊的颜色来将流程图中的错误标出，为审计人员的工作打下良好的基础。

三、信息时代下的会计核算方法

随着社会的发展和变化，历史成本计量和公允价值计量成为探讨的主要内容。但是实践表明，公允价值计量法的优势明显高于历史成本计量法。公允价值计量法的优势，在于能够更加准确地反映企业的经营现状和负债情况。但在目前，历史计量法在企业中依旧占有主要地位,依旧是审计查账过程中采用的主要核算方法。

在信息时代背景下,企业的经营和发展面临着各种各样的风险和挑战。为了实现企业自身的可持续发展,要努力地提升会计核算工作水平。在市场经济不断发展的过程中,企业要不断地提升竞争力,完善和优化会计核算工作制度,在人员管理方面则要不断进行技能培训,提高审计人员的专业技能水平。同时,要提升企业内部的监督水平,为企业的核算工作提供足够的发展空间,实现企业经济效益的最大化。

参考文献

[1] 赵秀红，李海燕，陈津津.现代会计理论与实务研究[M].北京：经济日报出版社，2017.

[2] 申仁柏.互联网＋对现代会计教学改革的影响研究[M].长春：吉林大学出版社，2019.

[3] 罗银胜.中国现代会计之父：潘序伦传[M].上海：立信会计出版社，2017.

[4] 励景源.现代会计学基础[M].上海：上海财经大学出版社，2011.

[5] 曹玉梅.财务管理研究[M].哈尔滨：黑龙江科学技术出版社，2018.

[6] 武建平，王坤，孙翠洁.企业运营与财务管理研究[M].长春：吉林人民出版社，2019.

[7] 刘振鹏.山东省教育财务管理研究：第8辑[M].济南：山东大学出版社，2020.

[8] 董艳丽.新时代背景下的财务管理研究[M].长春：吉林人民出版社，2019.

[9] 金贵娥.民办高校财务管理研究[M].武汉：华中科技大学出版社，2017.

[10] 刘海英，李占卿.小额贷款公司财务管理研究[M].石家庄：河北人民出版社，2016.

[11] 刘振鹏.山东省教育财务管理研究：第6辑[M].济南：山东大学出版社，2016.

[12] 张春萍，黄倩.现代企业制度下的财务管理研究[M].长春：吉林大学出版社，2016.

[13] 黄永林，唐万宏.高师财务管理研究：第10辑[M].南京：南京师范大学出版社，2013.

[14] 吴建华.山东省教育财务管理研究：第5辑[M].济南：山东大学出版社，2014.